21C Training for Layers

사역훈련

교회의 지체로 거듭나기

| 이진우 지음 | CLC건강교회운동 편 |

2

교회도 격이 있다.

우리는 이 땅에서 하나님의 자녀로 사는 동안, 하나님의 큰 가족의 일원이 되어야 한다. 바로 교회의 구성원이 됨을 말한다. 지상의 교회는 허물투성이지만 하나님은 이 교회를 통하여 그 위대한 역사를 만들어 가신다.

사람들은 자신의 '의식주' 문제에 골몰하며 살아가지만, 하나님의 권속들은 주님의 교회를 섬기며 살아간다. 시간을 드리고 물질을 드리며 내 능력을 다해 주님의 몸된 교회를 세워가야 한다. 진정한 성도는 누구도 교회 안에서 고독한 섬일 수 없다. 다 형제요, 자매요, 지체이다. 그 책임과 권리를 누리라!

집회 중 누군가의 핸드폰이 울렸다. 그때 강사가 이런 말을 했다. '교회도 격이 있습니다. 예배 중 누군가의 핸드폰이 울릴 때 거기 쳐다보지 마십시오.' 어느 누가 예배 중에 전화오기를 원할까. 어쩌다 그게 켜있던 것이다. 누구도 실수할 수 있다. 그런데 모두들 웅성거리며 그곳을 쳐다보는 교회라면 그 격이 낮다는 것이다. 그 당사자는 얼마나 난처할 것인가? 곁에서 소리가 나도 그저 앞을 경청하면 그가 처리한다! 만일 교회에 처음 나온 사람이라면, 그는 그 교회의 심오한 영성보다는 그 눈에 띄는 교인들의 작은 배려에 더 큰 감동을 받을 것이다.

우아하고 장엄한 예배가 끝났다. 그러나 예배 직후에 또 다른 세계가 연출된다. 교인들 간에 무분별한 말이 여기저기서 들려오고, 식당에서 남을 전혀 생각하지 않는 성도답지 않은 언행들이 보이고 그런다면, 그 교회의 품격은 분명 기준 미달이리라. 주님의 교회의 품격을 유지하라.

뉴욕 타임즈에 의하면, "금세기 갑부 16인"에는 미국의 석유 왕으로 알려진 록 펠러 (1839~1937)가 1위이다. 록 펠러는 33세 때 백만장자가 되었으며, 10년 뒤에는 세계에서 가장 큰 회사를 소유하게 되었다. 그리고 53세 때에는 세계 최고의 부자가 되었는데, 그 당시에는 억만 장자가 록 펠러 혼자뿐이었으며 일주일 수입이 1백만 달러나 되었다. 그가 그렇게 이 세상에서 경제권을 가지고 있었던 데에는 어릴 때부터 유대인 어머니로부터 다음의 10가지 교훈을 철저하게 가르침 받았기 때문이라고 한다.

1 하나님을 친아버지 이상으로 섬겨라. 아버지가 생계를 위해 필요한 모든 것을 공급하지만, 더 중요한 공급자는 바로 하나님이시다.

2 목사님을 하나님 다음으로 섬겨라. 목사님과 좋은 관계 속에서 하나님의 말씀을 듣고 따르는 것이 축복된 길이기 때문이다.

3 주일 예배는 본 교회에서 드려라. 하나님의 자녀로서 교회에 충성해야 하며 가능한 주일 예배만큼은 본 교회에 참석하여 예배드리는 것이 중요하기 때문이다.

4 오른쪽 주머니는 항상 십일조 주머니로 하라. 이 말은 십일조는 하나님의 것이므로 먼저 구별한 후 나머지를 가지고 사용해야 함을 표현한 말이다.

5 아무도 원수로 만들지 말라. 다른 사람들과의 관계가 좋지 않으면 사람들이 거리를 두기 때문에 일마다 장애 요소가 될 수 있기 때문이다.

6 아침에 목표를 세우고 기도하라. 하루를 시작하기 전 오늘 해야 할 일을 하나님께 맡기며 하나님이 모든 일에 함께 해주실 것을 온전히 믿는 기도가 필요하다.

7 잠자리에 들기 전 하루를 반성하고 기도하라. 알게 모르게 계속적으로 짓는 죄를 가능한 빨리 회개하여 죄로 인한 어려움과 고통을 피할 수 있어야 한다.

8 아침에는 꼭 하나님의 말씀을 읽어라. 하나님께서 말씀하시는 것을 들으려는 시간이 필요하다.

9 남을 도울 수 있으면 힘껏 도우라. 그리고 도와준 일에 대해 절대로 나팔을 불면 안 된다.

10 예배 시간에 항상 앞에 앉으라. 예배드리고 말씀 듣는 일에 누구보다도 앞장서서 하려는 노력이 필요하다.

" 그런즉 아볼로는 무엇이며 바울은 무엇이뇨 저희는 주께서 각각 주신 대로 너희로 하여금 믿게 한 사역자들이니라" (고전 3:5)

이 21C 평신도 훈련의 사역자반을 공부하는 당신이 주님의 교회의 복된 일꾼이기를 빌며….

2008년 늦여름에 이진우

● 21세기 평신도 훈련 과정은

훈련생을 신앙인으로 세우는 제자훈련, 교회내의 평신도 사역자로 세우기 위한 사역훈련, 그리고 가정과 직장, 세상 속에서의 능력있는 삶을 사는 증인훈련으로 구성된다.

〈 본 과정의 훈련 흐름은 다음과 같다〉

비신자 전도 > **초신자** 양육 > **제자** 훈련 > **사역자** 훈련 > **증인** > **증인의 삶**

● 새가족반	**● 제자반**	**● 사역반**	**● 증인반**	**● 파송**
· 구도자반	개인 (마8:23)	교회 (마9:37)	세상 (행1:8)	· 가정지킴이 · 교회사역자 · 세상속의 증인

· 모든 처음 등록자는 새가족반을 이수하며, 완전 초신자는 구도자반으로 연계시킨다.
· 제자반에 들어가는 양육과정에 「52주 성경책별 연구」 를 권장하며, 증인반을 수료한 후에는 심화과정으로 「성경 인물 집중 탐구」 를 권한다.

● 훈련 교재의 특성

이 교재는 온전한 그리스도의 제자로 세우되 교회안의 교인만이 아니라 세상 속의 그리스도 인이 되는 것을 초점으로 하였다. 따라서 철저히 신앙의 생활화를 목적으로하였다.

· 제1권 제자훈련은 21주제로 그리스도의 제자의 정체성 확립을 집중 탐구하였다.
· 제2권 사역훈련은 20주제로 그리스도의 교회의 지체로서 사역을 구비케 하였다.
· 제3권 증인훈련은 21주제로 가정과 직장, 세상 속에서의 증인의 삶을 다루었다.

본문 인용_ 본문을 먼저 제시하고 귀납법적 연구를 시도함으로써, 성구들만을 인용하는 주제별 공부의 문제를 극복하려하였다.
내용_ 성경공부 내용 전개는 사변적인 복잡함을 지양하고 단순화하였다.

암송_ 구절은 단발로 한 구절씩 암송함을 지양하고 문맥을 살리기 위해 때로 2~3절을 제시하였다(예_ 요1:12-13, 갈5:22-23, 8복, 고전13, 롬12:1,2).

성경읽기_ 통독은 훈련 기간 중 신구약 1독을 하되, 역사적 순서 읽기를 도입하였다.

큐티_ 큐티는 줄거리 생각, 의미 생각, 실천 다짐의 형식으로 단순화 하였다.

파트너_ 기도 파트너는 주중에 피차간 중보기도를 하며 1회 이상 접촉한다(전화나 만남등).

헌신_ 공부 중 중요한 결단의 주제 때에는 '평생 서약서' 를 쓰고 헌신케 한다.

종강_ 각 권이 수료 될 때 마다 의미 있는 행사를 기획한다(1권 종료- 기도후원자 대회, 2권 종료- 재헌신의 날, 3권 총 수료- 증인파송식).

과제 부여

점진성_ 통독과 암송은 3주차부터, 큐티나 전도 등은 해당 주제를 다룬 후 부터 과제로 부여한다.

가벼움_ 맞벌이 등의 점점 분주해지는 일상 속에서 평신도가 감당할 수 있는 양의 과제로 분량을 줄이고 그리고 확실하게 점검한다.

실제성_ 과제가 따로 지정되어 있지 않은 경우에는 각 교회의 형편에 따른 구체적인 과제를 부여하도록 한다.

결석_ 결석자는 전원이 한 엽서에 글을 써서 부치며 총무는 개별적으로 전화 접촉한다.

테스트_ 1,2,3권 각권이 마쳐질 때마다 테스트를 거친다.

● 각 과의 구조

시작 전 준비시간이다.
차와 함께 주중의 삶을 나눈다.
찬양은 미리 철저히 준비하여 온전히 마음이 열리게 한다.
점검은 지난주 과제를 피차 파트너가 되어 서로 서명해준다.

당일 주제와 근접한 내용의 나눔이다.
일종의 마음 열기(Open Mind) 순서이다.

모두가 자연스레 참여하도록 유도한다.
단, 도입부이기에 너무 장황해지지 않도록 절제한다.

항해 지도

항해지도는 당일 다룰 성경본문이다.
인도자 혹은 한 개인이 읽거나 전원이 한 절씩 윤독하면 된다.
혹 인물들이 나오는 내용인 경우에는 인물을 분담하여 연극화 할 수도 있다.

지도 보기

성경 본문을 중심으로 한 성경연구이다.
대개 귀납적 접근 방식을 택하여 본문 관찰, 해석, 적용의 순서를 기본원리로 삼았다.

노 젓기

당일 주제를 보다 폭 넓게 다루기 위한 확장 내용이다.
신구약 성경의 본문들을 두루 활용하였다.
주제와 너무 멀리 나가지 않도록 유의한다.

닻 내림

당일 공부 주제에 대한 결론 혹은 보충이다.
필요시 신앙 서적이나 신앙위인의 글을 인용하기도 하였다.

*기도

당일 공부 주제를 중심으로 하여 지난날의 죄나 불성실에 대한 마음 바꿈, 그리고 미래의 실천을 위한 다짐이다. 이어서 조원 각 사람을 위한 중보기도를 빼지 말자. 요식 절차가 아닌 뜨거운 집중기도의 시간이 되게 한다.

***과제**

당일 주제를 가정과 주중 생활로 가지고 가도록 하는 실천 요강이다. 반드시 다음 주중에 점검을 할 일이다. 주중에 기도 파트너가 격려할 내용이기도 하다.

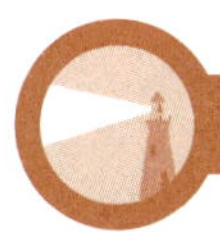

당일 주제와 관련하여 실생활에 원리로 적용할 수 있는 엑기스를 제공한다. 집에 가서 복습할때 보면 된다.(기도 파트너는 흩어지기 직전에 결정한다. 예_ 각자의 이름이 적힌 쪽지를 통에 넣고 한 명씩 뽑는다. 뽑힌 종이에 적힌 이름이 주중의 기도 파트너이다.)

● 훈련생 자격

새가족 반 과정을 마친 자
세례 받은 자
본 훈련 과정에 적극적으로 동의하고 순응하는 자
신체적, 정서적, 지식적으로 학습 가능한 자
가족의 허락을 받은 자
지원서를 중심으로 개인 면담
훈련 기간 중의 기도 후원자를 확보한 자

● 훈련 기간 및 구성

전체 약 1년 반 소요(형편에 따라 각 과정 마치면 1개월 휴식 가능)
주 1회 모임 원칙
훈련 시간은 오전, 저녁, 새벽 등 교회 상황에 따름
각각 남제자반, 여제자반을 추천(필요시 혼성반 가능)
한 그룹은 7~8명이 적절

시간 운용

여는 시간
도착_ 10분 전부터 자유 대화와 인사
찬양_ 정각부터 20분간 (후, 인도자의 오픈 기도)
과제 점검_ 5분간
큐티 나눔_ 5분간

말씀과 토론
교재를 다룸_ 60분간

마무리
집중기도와 매듭_ 20분간
기도파트너 확인

훈련생의 실천 과제

1 **교재 예습**_ 예습할 때에는 연필로 기록하고 훈련시는 볼펜 사용.
2 **성경통독**_ 매일 지정된 부분을 읽는다.
3 **큐티**_ 일주일에 5일 이상을 매일 큐티한다(노트에 기록 권장).
4 **기도**_ 매일 30분이상을 기도한다(기도노트 사용 권장).
5 **성경암송**_ 정해진 성경구절을 암송한다.
6 **생활과제**_ 그 주에 주어진 생활숙제를 한다.
7 **태신자**_ 계속 접촉한다(증인반 수료식때 동반함).
8 **후원**_ 기도 후원자와 주 1회 이상 연결.
9 **격려**_ 주중의 기도 파트너와 주 1회 이상 연결.

훈련생에게 다가오는 시험꺼리들

1 **과제물의 부담감**_ 일상과 가정생활의 분요함. 매일 세밀한 스케줄 필요
(못했을 때에는 그대로 오라!)

2 **가정, 직장의 문제_** 가족, 친척, 직장에서 갈등과 문제가 생길 수 있다.

3 **훈련생 상호관계_** 가치관, 기질 차이, 경쟁의식에서 오는 갈등이 있을 수 있다.

4 **자신과의 내적갈등_** 건강문제, 권태와 회의('꼭 이런 식으로')등 자신과의 싸움.

5 **지도자에 대한 부담_** 이야기하지 말고 계속 기도할 것.

● 훈련반 운영 규칙

리더(목회자), 총무(연락, 조원관리), 회계(재정 관리), 찬양담당(필요시 세움), 훈련원

A 훈련생 준칙

1 모임 시작 10분 전에 도착. 과제물 점검표를 작성.

2 지각과 결석은 사전 약속에 따라서 벌금을 부과.

3 무단결석 3회 이상은 수료할 수 없음.

4 결석자는 리더와 1:1로 보충수업을 해야 함.

B 훈련 장소

1 훈련원의 집을 돌아가며 오픈하되, 간단한(1식 3찬) 식사를 준비.

2 오픈 하우스에서는 당일 전화, 타인 방문을 조치.

3 오픈 하우스 주인은 공부 시작 전에 준비를 완료하고 공부 중의 이동은 금함.

4 좌석은 원으로 하고 인도자 자리에는 물을 준비.

5 각 좌석은 지난 모임 때와 다른 사람으로 정함.

C 훈련원간의 관계

1 훈련시의 대화 내용은 밖으로 나갈 수 없음.

2 피차를 존중하며 경어를 사용함.

3 훈련원간의 돈거래는 일절 금함.

4 생일 파티를 함(간소한 케익과 전원이 서명한 축하카드).

5 피차의 경조사에 헌신적으로 도움.

6 증인반을 마칠 즈음, 다음 훈련자를 추천하기.

|목차|Contents

*1 교회

여는 시간

년 월 일 시 장소

차와 나눔

" 주님 안의 喜怒哀樂 "

찬양

점검 " 지난주 제자의 삶"
성경읽기 (전혀못함 0, 1, 2, 3, 4, 5, 6, 7, 8, 9, 10 완벽함)
성구암송 (전혀못함 0, 1, 2, 3, 4, 5, 6, 7, 8, 9, 10 완벽함)
교재예습 (전혀못함 0, 1, 2, 3, 4, 5, 6, 7, 8, 9, 10 완벽함)
특별과제 (전혀못함 0, 1, 2, 3, 4, 5, 6, 7, 8, 9, 10 완벽함)
매일큐티 (전혀못함 0, 1, 2, 3, 4, 5, 6, 7, 8, 9, 10 완벽함)
점검 파트너 이름 /   서명 /

큐티 나눔

'교회'라는 말에 당신에게
가장 먼저 떠오르는 생각을 말해보자.

마태복음 21:12-16

교회의 참 뜻은 하나님께 부름 받아 예수 그리스도를 통하여 구원함을 받은 무리(행2:44)를 말한다(에클레시아, $εκκλησια$ 「불러내다」). 하나님께서 이스라엘 백성을 애굽의 종살이에서 하나님의 능력으로 불러내듯이 죽음에서 생명으로 부르심을 받은 회중을 표현하는 것이다.

1 예수님께서 성전에 들어가셨을 때 어떤 자들이 있었는가? 예수님은 그들을 어떻게 하셨는가? (12)

____

2 예수님께서는 성전은 어떤 곳이어야 한다고 말씀하셨는가? 그런데 당시 그들은 성전을 무엇으로 만들었다고 하셨는가? (13)

____

이는, 이사야 56장 7절을 인용하신 것이었다.
우리가 교회에서 하고 있는 일 중에서 예수님께 꾸중들을 일은 없는가?

____

성전을 청결케 하신 예수님은 무엇을 하셨는가? _____________________
그때 아이들은 성전에서 무엇을 하였는가? _____________________
아이들은 예수님을 누구라고 불렀는가? _____________________

그러나 대제사장들과 서기관들은 예수님의 하시는 일과 찬송하는 아이들을 보고서 분노를 발하였다.

"만민이 기도하는 집" 이란 말은 교회의 모양(외형이나 조직)이 아니라, 교회의 역할을 강조하는 말이다.

1 다음 성구가 말하는, 교회가 존재하는 이유를 말해보라.

(시34:3) **하나님의** ____________ **를 찬양하기 위함이다** (예배)

(행20:24) **하나님의** ____________ **을 전달하기 위함이다** (전도)

(엡2:19) **하나님의** ____________ **과 교제하기 위함이다** (교제)

(엡4:12-13) **하나님의** ____________ **을 교육하기 위함이다** (훈련)

(엡4:12) **그리스도의** ____________ **을 세워가기 위함이다** (사역)

위 항목들 중,
우리 교회가 잘해내는 분야와 미흡한 분야는 무엇이라고 생각되는가?

____

2 우주적 교회는 모든 교파와 인종과 국가들 가운데서 하나님의 성령으로 거듭난 사람들로 이루어진 것이다. 비록 전 세계에 흩어져 있다 하더라도 우리는 그리스도와 그리고 서로서로 한 몸으로 연합되어 있다. 이 우주적 교회에 비해 지역교회란 특정한 장소에 모인 그리스도인들의 모임이다. 초기교회의 모임 장소는 어디였는가? 오늘 우리의 교회에 비춰보면 무엇을 연상할 수 있을까? (고전 16:19)

____

____

그들은 언제 모였는가? (행 20:7)

____

《 여러 교파들 》 하나님은 한분이시요, 주도 하나요, 믿음도 하나이지만 신경, 의식, 정치제도에 있어서 지도하는 강조점이 다른 것인데 장로교회, 감리교회, 침례교회, 성결교회, 오순절 교회 등이 있다.

3 지역교회를 세움에 있어 선지자, 사도 외에 또 누구에게 책임이 주어졌는가? 그들의 일은 어떤 것인가? (엡4:11-12)

____

목사와 지도자들을 지지해주어야 한다. 완벽한 지도자는 없다. 하지만 하나님은 그들에게 교회의 하나됨을 지킬 책임과 권위를 주셨다. 성경은 우리가 교회를 섬기는 사람들과 어떤 관계를 맺어야 하는지 분명하게 말씀하고 있다.

"너희를 인도하는 자들에게 (   )하고 복종하라 저희는 너희 영혼을 위하여 경성하기를 자기가 (   )할 자인 것같이 하느니라 저희로 하여금 즐거움으로 이것을 하게하고 근심으로 하게 말라 그렇지 않으면 너희에게 유익이 없느니라"(히 13:17)

4 ( ) 넣기

"내가 속히 네게 가기를 바라나 이것을 네게 쓰는 것은 만일 내가 지체하면 너로 하나님의 집에서 어떻게 행하여야 할 것을 알게 하려 함이니 이 집은 살아 계신 하나님의 (   )요 진리의 기둥과 (   )이니라" (딤전 3:14-15)

참 교회와 거짓교회를 구별하는 3가지 표지

1 말씀의 참된 전파 (요 8:31-32)
2 성례의 정당한 집행 (마 28:19, 고전 11:23-30)
3 권징의 신실한 시행 (고전 5:1-8)

*기도

나의 주님! 이 죄인을 교회의 일원으로 불러주시어 하나님을 경배하는 삶을 살게 해 주시니 감사합니다. 이제는 교회를 사랑하며 세상과 구분되어진 하나님 중심의 삶을 살겠습니다.

*과제

주중 다른 교회 방문 후 견학 보고서 제출하기
금년도 우리 교회의 요람(혹은 조직도)을 숙지하기

>> 성도 십계명

1 성도는 하나님 앞에서 말합니다 | 여호와의 말씀에 나의 삶을 가리켜 맹세하노라. 너희 말이 내 귀에 들린대로 내가 너희에게 시행하리라(민 14:28).

2 성도는 축복합니다 | 너희를 저주하는 자를 위하여 축복하며 너희를 모욕하는 자를 위하여 기도하라(눅 6:28). 너희를 핍박하는 자를 축복하라. 축복하고 저주하지 말라(롬 12:14).

3 성도는 칭찬으로 금같은 사람을 만듭니다 | 도가니로 은을, 풀무로 금을, 칭찬으로 사람을!(잠 27:21)

4 성도는 선한 말을 합니다 | 선한 말은 꿀송이 같아서 마음에 달고 뼈에 양약이 되느니라(잠 16:24). 오직 덕을 세우는데 소용되는 대로 선한 말을 하여 듣는 자들에게 은혜를 끼치게 하라(엡 4:29).

5 성도는 사랑을 말로 표현합니다 | 내 사랑 너는 어여쁘고도 어여쁘다. 너울 속에 있는 네 눈이 비둘기 같고 네 머리털은 길르앗 산 기슭에 누운 무리 염소 같구나. 나의 사랑 너는 순전히 어여뻐서 아무 흠이 없구나(아 4장).

6 성도는 입술의 열매를 창조하시는 하나님을 믿고 말합니다 | 입술의 열매를 짓는 나 여호와가 말하노라. 먼데 있는 자에게든지 가까운데 있는 자에게든지 평강이 있을찌어다 평강이 있을찌어다 내가 그를 고치리라(사 57:19).

7 성도는 허물을 덮어줍니다 | 미움은 다툼을 일으켜도 사랑은 모든 허물을 가리우느니라(잠 10:12) 허물을 덮어주는 자는 사랑을 구하는 자요 그것을 거듭 말하는 자는 친한 벗을 이간하는 자니라(잠 17:9).

8 성도는 비판하지 않습니다 | 비판치 말라. 그리하면 너희가 비판을 받지 않을 것이요. 정죄하지 말라. 그리하면 너희가 정죄를 받지 않을 것이요. 용서하라. 그리하면 너희가 용서를 받을 것이요(눅 6:37).

9 성도는 저주하지 않습니다 | 저가 저주하기를 좋아하더니 그것이 자기에게 임하고 축복하기를 기뻐 아니하더니 복이 저를 멀리 떠났으며 또 저주하기를 옷 입듯 하더니 저주가 물 같이 그 내부에 들어가며 기름같이 그 뼈에 들어갔나이다(시 109:17:18).

10 성도는 더러운 말을 하지 않습니다 | 나는 너희에게 이르노니 형제에게 노하는 자마다 심판을 받게 되고 형제를 대하여 라가라 하는 자는 공회에 잡히게 되고 미련한 놈이라 하는 자는 지옥 불에 들어가게 되리라(마 5:22). 무릇 더러운 말은 너희 입밖에도 내지 말라(엡 4:29).

*2 예배자

여는 시간

| 년 | 월 | 일 | 시 | 장소 |

차와 나눔

" 주님 안의 **喜怒哀樂** "

찬양 

점검 " 지난주 제자의 삶"
성경읽기 (전혀못함 0, 1, 2, 3, 4, 5, 6, 7, 8, 9, 10 완벽함)
성구암송 (전혀못함 0, 1, 2, 3, 4, 5, 6, 7, 8, 9, 10 완벽함)
교재예습 (전혀못함 0, 1, 2, 3, 4, 5, 6, 7, 8, 9, 10 완벽함)
특별과제 (전혀못함 0, 1, 2, 3, 4, 5, 6, 7, 8, 9, 10 완벽함)
매일큐티 (전혀못함 0, 1, 2, 3, 4, 5, 6, 7, 8, 9, 10 완벽함)
점검 파트너 이름 /　　　　　서명 /

큐티나눔

당신에게 있어서 '잊을 수 없는 예배'의 어떤 추억이 있는가?

요한복음 4:19-26

예수님은 사마리아의 수가성에서 한 여인과 나누는 대화 속에서 예배의 진정한 의미를 전해주셨다.

1 유대인들이 바벨론 포로에서 돌아온 후에 사마리아 사람들은 그리심 산에 성전을 세웠고(B.C 400) 거기서 예배를 드렸다. 그러면 유대인들은 어디서 예배를 드렸는가? (20)

2 예수님은 어디에서 '예배를 드리느냐'보다도 '누구에게 예배를 드리느냐'에 관심을 보이셨다. 우리는 누구에게 예배를 드려야 되는가? (21)

3 22절의 의미는?

사마리아인들이 드리는 예배는 정열적이고 열광적이고 흥분된 것이지만 그들에게는 올바른지식이 없었다.

반면 유대인들은 구원의 진리를 가지고 있었지만 신령함이 없었다. 예루살렘에는 진리가 있었으나 신령이 없었고 그리심 산에는 신령은 있었으나 진리가 없었다. 예수님께서 말씀하신 참된 예배에는 신령과 진리가 모두 있어 이 둘 사이의 균형을 요구한다.

4 아버지께 예배를 드리는 자는 어떻게 드려야 하는가? 또한 하나님은 어떤 사람들을 찾고 계시는가? (23)

예배는 받는 것이 아니라 드리는 것이다. 만일 예배에 참석하는 이유가 무엇을 얻기 위해서라면 예배가 무엇인지 이해하지 못한 것이다. 나는 나 자신을 기쁘게 하기 위해 예배를 드리는가? 아니면 하나님을 기쁘시게 하기 위해 예배를 드리는가?

예배를 방해하는 것들은 어떤 것들이 있는가? **(인간 중심적이고 세속적인 마음, 비판하고 불평하는 마음, 피곤함과 은혜에 대한 무관심, 용서하지 못하는 마음)**
위 ( )에서 당신이 특히 유의해야 할 것은?

함께 모여서 예배하고 하나님을 경배하는 것이 우리의 신앙생활에 얼마나 도움이 되느냐가 중요한 것이 아니라 그 자체가 하나님의 명령이었다는 사실에 주목할 필요가 있다. 이것은 분명 편의의 문제가 아니라 하나님의 명령이다. 그리스도인이 이 공적인 예배에 함께 참여하여 하나님을 경배하는 것은 의무이다. 하나님과의 만남에 대한 기대없이 차가운 예배의 형식을 되풀이하는 것은 하나님께 대한 기만이며 신성모독이다.

예배의 필수 요소들

1 24절을 외워서 써보라

1 예배는 (   )의 역사가 있어야 한다. 예배 가운데 꼭 필요한 것은 성령의 역사이다. 성령의 기름 부으심이 있을 때 하나님의 영광이 나타나고 예배드리는 사람들의 영혼이 완전히 변화된다. 예배를 거치지 않고 나온 사역 봉사는 쉽게 탈진하고 원망이 많다. 그러나 예배를 거친 사역은 기쁨이 있다.

2 예배는 살아 있는 (   )이 있어야 한다. 살아 있는 예배를 드리기 위해서는 설교에 성령의 기름 부으심이 있고 생동감이 있어야 한다. 세상에 나가 세상을 변화시키라는 메시지여야 한다. 하나님의 임재하심이 있는 말씀이 강단에서 선포되었을 때 성도들의 삶은 부활의 능력이 있는 삶이 된다.

3 예배는 향기 나는 (   )이 있어야 한다. 옥합의 기름이 뚜껑이 깨어져 부어질 때 향기가 나는 것처럼 진정한 예배란 자기가 깨어져 제물이 될 때 비로소 드려지는 것이다. 우리의 예배에 향기가 없는 것은 헌신과 희생의 제물이 없기 때문이다.

4 예배는 (   )이 있어야 한다. 교회는 하나님께 찬양하는 공동체이다 예배에서 손을 들고 무릎을 꿇고 찬양할 때 하나님의 영광의 임재가 나타난다. 눈물이 없는 찬양, 습관처럼 부르는 찬양은 예배가 아니다

5 예배에는 참된 (   )가 있어야 한다. 하나님은 목사 장로 집사를 찾지 않고 예배자를 찾으신다. 그것은 직분이고 기능일 뿐이다. 하나님 앞에 나올 때는 예배자로 나와야 한다. 진정한 사역자는 진정한 예배자여야 한다 .나는 습관적으로 예배에 참석하는가 아니면 매번 새로운 각오를 가지고 참석하는가?

2 예배드리는 자의 자세는 참으로 중요하다. 다음의 항목들에 대한 생각을 말해보라.

1 복장에 신경 쓰자.
2 10분 일찍 도착하고 10분 늦게 나가자.
3 찬양도 예배다.
4 마음과 시선을 흩지 말자
5 설교 말씀을 기록하자.
6 주차도 예배다.
7 삶의 현장도 계속되는 예배다.

위 내용 중, 당신의 경우 특히 유의해야 할 것은 무엇인가? ________________

성도의 삶의 중심은 예배이다. 하나님의 자녀는 예배를 통하여 하나님과 온전한 교제를 나눈다. 예배의 형태에는 개인적인 예배 (이는 예배와 개인의 삶이 분리된 것이 아니라, 삶 자체가 예배가 되어야 함을 보여준다), 가정예배 (이것은 아마 가장 오래된 예배 형태일 것. 한 집안의 가장(家長)은 가족들을 인도하여 하나님께 찬양과 제사를 드리는 제사장 역할을 감당했다), 공적인 예배 (교회에서 함께 드리는) 가 있다. 하나님의 백성은 하나님을 함께 예배하기 위해 모이는 것이다.

*기도

바른 예배자가 되기 위한 다짐의 기도

*과제

당신이 평소에 참석하지 않던 예배에도 참석한 후 소감 나누기(예:주일학교).

▶▶ 설교를 하나님의 말씀으로 이해하기 위한 지침

1 개인적으로 늘 성경을 읽고 묵상할 것

2 자신이 알고 있는 모든 하나님의 말씀이 주는 분명하고 명백하며 확고한 가르침 아래서 살아갈 것

3 부주의한 마음으로 설교를 듣지 말 것

4 설교 중 쓸데없는 생각이나 졸음으로 말씀을 놓치는 일이 없도록 할 것

5 설교 중에 다루어지고 있는 교리의 윤곽을 기억하거나 요지를 적어 둘 것

6 설교 중 당신의 영혼에 가장 크게 중요하거나 관심사에 대해 답이 되는 내용들을 특별히 기록할 것.

7 집에서 기독교 교리를 공부하도록 할 것

8 예배를 마치고 집으로 돌아갈 때 설교 중에 들은 말씀을 묵상할 것

9 설교내용에 대하여 이해가 가지 않는 부분은 대답해 줄 수 있을만한 사람들에게 물어볼 것

10 당신이 이해하고 싶어하는 교리들을 다룬 좋은 책들을 읽도록 할 것

11 지혜와 성령의 조명을 구하며 부지런히 기도할 것

12 당신이 알게 된 내용을 의식적으로 실천할 것 **_리챠드 백스터**

*3 헌금

여는 시간

년 월 일 시 장소

차와 나눔

" 주님 안의 喜怒哀樂 "

찬양 

점검 " 지난주 제자의 삶"
성경읽기 (전혀못함 0, 1, 2, 3, 4, 5, 6, 7, 8, 9, 10 완벽함)
성구암송 (전혀못함 0, 1, 2, 3, 4, 5, 6, 7, 8, 9, 10 완벽함)
교재예습 (전혀못함 0, 1, 2, 3, 4, 5, 6, 7, 8, 9, 10 완벽함)
특별과제 (전혀못함 0, 1, 2, 3, 4, 5, 6, 7, 8, 9, 10 완벽함)
매일큐티 (전혀못함 0, 1, 2, 3, 4, 5, 6, 7, 8, 9, 10 완벽함)
점검 파트너 이름 /   서명 /

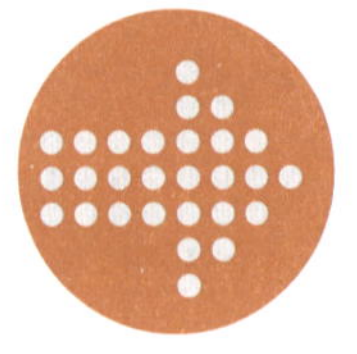

큐티 나눔

"500원은 헌금내고 500원은 아이스크림 사먹어. 알았지?" "네~에"
아이는 양손에 500원 짜리 동전 하나씩 꼭 쥐고 신바람 나게 주일학교로 달
려간다. 그런데 그만 넘어지며 동전 하나가 땡그랑 하면서 굴러간다. 저런!
하수도 구멍으로 빨려 들어가 버렸다. 아이는 툭툭 털고 일어나더니 한 손에
남아 있는 동전을 보면서 중얼거린다. "예수님, 죄송해요. 헌금이 그만 하수
도 구멍에 빠지고 말았어요"

이 우스개에 대한 느낌을 말해보라.

고린도후서 9:5-11

고린도 교회는 아마도 연보에 대해서 불만이 있었던 듯하다. 고린도는 지역적으로
부유했지만 부자들이 더 인색했던 모양이다.

1 바울이 디도와 두 형제들을 보내는 이유는? (5)

____

왜 미리 준비하는 것이 하나님께 참된 연보를 드리는 좋은 태도일까?

____

경고! 헌금시간이 될 때마다 급하게 지갑을 뒤적거려 일정액의 금액을 헌금 바구니
에 던져 넣는 것이 일생의 습관이 될 수도 있다.

2 그들은 헌금을 바침으로 손해를 당하지 않는다. 그 이유는? (6)

---

3 즐겁게 드리는 자가 좋은 결과를 기대할 수 있는 이유는? (7)

"각각 그 마음에 정한대로" 를 어떻게 생각하는가?

이를 우리의 순간적인 충동이나 우리의 편리함을 의미하는 것으로 알아서는 안된다. 오히려 "하나님께서 우리 마음을 감동시키시는 대로"라고 해석해야 옳다. 우리의 생활상이 다 그렇지만, 헌금을 드리는 행위 또한 습관으로 고착될 위험이 있다. 항상 같은 금액을 헌금하는 것은 가급적 피하라. 헌금을 드리기 전, 하나님의 뜻을 구하는 것이 바람직하다. _월리스 해플린 2세

4 특히 연보를 통해 도움을 받는 자들로 인해 어떤 결과가 나타나는가? (11)

이것이야말로 헌금을 하나님께 드리는 이유이자 목적이기도 하다.

우리 교회에는 어떤 헌금의 종류들이 있는가? 그 각각의 의미는?

회심하지 못한자의 대표적인 욕망은 물질에 대한 탐심이다. 물질에 대한 탐심이 집요하게 계속 될때 그것은 인격에까지 영향을 미친다. 그들은 하나님보다 물질을 더 섬기며 살아가고 싶어하는 사람들이다. 그런 사람들에게 신앙생활의 자유란 있을 수 없다. 헌금생활을 보면 성도들이 하나님을 얼마나 사랑하는지 알 수 있다. 그래서 존 웨슬리는 말했다. "나는 당신들의 돈지갑이 회개하지 않는 한 당신들의 그 회심을 믿을 수가 없다."

십일조

1 '십일조는 구약의 율법일 뿐이다. 지금 우리와 상관이 없다' 라는 말에 대해서 어떻게 생각하는가?

____

십일조는 아브라함에 의해서 율법이전에 시작(창14:20)되어서 야곱에게 계승(창28:22)되었으며, 모세의 의해서 확증(신14:22)되고, 말라기에 의해서 명령(말3:10)되었으며, 예수님에 의해서 권면(마23:23)되었고, 초대교회에 의해 계승(고전16:2)되었다.

하나님의 교회는 놀음을 하거나 뇌물을 받거나 비자금을 조성하거나 투기를 해서 모은 돈을 헌금으로 받지 않는다. 이렇게 돈을 부정한 방법으로 취득한 사람들은 십일조를 하거나 헌금을 해야 하는 문제 때문에 고민할 필요가 없다. 그 사람의 소득 자체를 하나님께서 인정하시지 않으므로 그가 십일조를 바쳐도 하나님께 드린 것이 아니다.

2 하나님이 이와 같이 십일조 제도를 마련하시고 우리들에게 지키라고 명령하신 까닭은 무엇인가?

(마6:19–20) ____
(딤전6:10) ____
(말3:10) ____

십일조 생활은 많은 물을 뿜어내기 위하여 적은 량의 유출수(마중물)를 펌프에 넣는 것과 같다. 사도신경은 마음으로 하는 신앙고백이라면, 십일조를 드리는 것은 물질을 가지고 하는 신앙고백이다.

3 빈 ( )채우기!

"네 재물과 네 소산물의 처음 익은 열매로 (   )를 공경하라 그리하면 네 창고가 가득히 차고 네 즙 틀에 새 포도즙이 넘치리라" (잠 3:9-10)

사람들은 소유가 넉넉하면 만족하고 행복해질 줄 안다. 그래서 열심히 땅에다 보물을 쌓지만 이것은 지혜로운 일이 아니다. 이것은 어리석은 일이며 헛된 일이다. 물질은 복이 아니라 은사에 가깝다. 복은 예수님을 믿으면 누구나 다 받지만 은사는 예수님을 믿는다고 해서 누구나 다 받는 것이 아니다. 은사는 주를 위하여 쓰라고 주시는 것이다. 하나님이 우리에게 물질을 주시는 것은 복으로 누리라고 주시는 것이 아니라 하나님을 위하여 바로 사용하라고 주시는 것이다. 은사는 쓰면 늘고 쓰지 않으면 소멸하는 특징이 있다. 주를 위해 바로 쓰지 않으면 물질의 은사 역시 자연 소멸하게 될 것이다." _깨끗한 부자 中

***기도**

***과제**

헌금 생활에 있어서 개선되어야 할 점을 가족과 함께 정리해보라.

▶▶ 물질 축복을 받기 위한 십계명

첫째

계명은 먼저 하나님의 나라와 의를 구하라.
그리하면 필요한 물질을 주님이 공급하신다.

_마 6:33

둘째

계명은 정함이 없는 재물에 소망을 두지 말고,
모든 것을 후히 주시고 누리게 하시는
하나님께만 소망을 두라. _딤전 6:17
하나님과 물질을 겸하여 섬기지 못하며,
보물이 있는 곳에 마음도 있다.

_마 6:21, 24

셋째

계명은 하나님보다 물질을 더 사랑하지 말라.
물질만 사랑하면 물질이 일만 악의 뿌리가 되어,
가지고 있는 물질까지 빼앗긴다.

_딤전 6:10

넷째

계명은 예수님과 복음을 위해 모든 재물과 가족을 버리면,
세상에서 백 배의 복을 받고 천국에서도 큰 복을 받는다.

_막 10:29-30

다섯째

계명은 오직 자신을 위하여 보물을 땅에 쌓아 두지 말고,
하늘에 쌓아 두라. 하늘에 쌓아 둔 보물을 빼앗을 자가 없다.

_마 6:19-20

여섯째

계명은 하나님의 것을 도적질하지 말고 온전한 십일조를 드려라.
온전한 십일조를 드려서 복을 주시는지 하나님을 시험하라.

_말 3:8-10

일곱째

계명은 심은 대로 거둔다.
적게 심은 자는 적게 거두고 많이 심은 자는 많이 거둔다.

_고후 9:6

여덟째

계명은 인색함으로나 억지로 헌금하지 말라.
하나님은 즐겨 내는 자를 사랑하신다.

_고후 9:7

아홉째

계명은 하나님의 사업에는 능력 이상으로 투자하라.

_고후 8:3

열째

계명은 모든 물질은 하나님의 것이며 그의 자녀는

관리인에 불과하며 반드시 결산의 날이 있으므로 항상 준비하라.

_마 25:14-30

*4 성례

여는 시간

년 월 일 시 장소

차와 나눔

" 주님 안의 喜怒哀樂 "

찬양

점검 "지난주 제자의 삶"
성경읽기 (전혀못함 0, 1, 2, 3, 4, 5, 6, 7, 8, 9, 10 완벽함)
성구암송 (전혀못함 0, 1, 2, 3, 4, 5, 6, 7, 8, 9, 10 완벽함)
교재예습 (전혀못함 0, 1, 2, 3, 4, 5, 6, 7, 8, 9, 10 완벽함)
특별과제 (전혀못함 0, 1, 2, 3, 4, 5, 6, 7, 8, 9, 10 완벽함)
매일큐티 (전혀못함 0, 1, 2, 3, 4, 5, 6, 7, 8, 9, 10 완벽함)
점검 파트너 이름 /   서명 /

큐티 나눔

당신의 세례일을 기억해보라. 그 느낌은?

고린도전서 11:23-29

구약시대의 성례(聖禮)로 할례와 유월절이 있었다면, 신약시대의 성례는 세례와 성찬이 있는데 이는 그리스도께서 친히 제정하신 교회의 거룩한 의식이다. 성찬식에 대한 기록은 마태복음 26:26-29등 복음서에 나와 있다. 그 성찬식의 장소에 없었던 사도 바울은 하나님의 계시를 받아 마지막 성찬을 기록하고 있다.

성찬

1 24절에 의하면 '떡' 은 무엇을 기념하는가?

___

예수님은 떡이 부서질 자신의 몸을 뜻한다 하셨는데, 뼈가 부서지는 정도가 아니라 그의 몸의 형상을 알아 볼 수 없을 정도가 되셨다(시 22:12-17, 사 53:4-7). '잔' 은 무엇을 기념하는가? (25)

___

예수의 피를 뜻하는 포도주는 그가 곧 맞이할 혹독한 죽음을 가리키고 있었다.

예수님은 완전하신 하나님의 아들로서 구약의 수많은 구세주에 대한 예언의 성취가 되셨다 (창 3:15; 시 22; 사 53 등등).

2 복음서에서는 발견되지 않는 것 _1

"그러므로 누구든지 주의 떡이나 잔을 (   ) 않게 먹고 마시는 자는 주의 몸과 피를 범하는 죄가 있느니라 사람이 자기를 살피고 그 후에야 이 떡을 먹고 이 잔을 마실지니 주의 몸을 분변치 못하고 먹고 마시는 자는 자기의 죄를 먹고 마시는 것이니라"(11:27-29).

합당치 않은 참예란, 떡과 잔의 진정한 의미를 무시하거나 구세주가 우리의 구원을 위해 치루신 그 엄청난 대가를 잊어버리는 것을 뜻한다. 혹은 성찬식이 단지 죽은 형식적인 예식이 되게 한다거나 고백하지 않은 죄를 지닌 채 성찬식에 참여하는 것을 말할 수 있다.

그렇다면 이 교훈을 따라 우리는 어떠해야 하는가?

---

3 복음서에서는 발견되지 않는 것 _2

"너희가 이 떡을 먹으며 이 잔을 마실 때마다 죽으심을 (   )때까지 전하는 것이니라"(11:26).

이는 성찬식은 미래에 지속적으로 해야 할 의식이되 주님이 다시 오시기까지 행하라는 시간제한을 말한다. 이렇게 예수님은 두 가지 연약한 요소를 이용해 자신의 몸과 피를 나타내는 상징으로 쓰시며 그의 죽음을 뜻하는 기념비로 만드셨다.

세례

세례가 상징하는 본질적 의미는 더러운 모든 죄악을 씻음 받은 것, 예수님의 죽음과 부활(復活)에 연합하여 죄에 대해서는 죽은 자가 되어지고, 하나님을 향하여 새 생명으로 사는 것, 구속받은 성도들로 구성된 그리스도의 몸인 교회의 회원으로 입문하는 것이다.

1 세례는 누구의 명령으로 행하는가? (마 28:19)

그러면 세례란 무엇인가? (갈 3:27)

2 누가 세례를 받을 수 있는가? (눅 3:8)

그리고 성령을 받음으로(행 10:47) 하나님의 말씀을 배우고 지키는 사람(마 28:19-20)이 받을 수 있다. 세례는 구약의 할례와 같은 의미를 갖지만, 그리스도께서 우리를 위해 돌아가심으로 더 이상의 피의 희생이나 제사는 필요하지 않다. 세례의 중요성은 형식보다는 그 영적 의미를 깊이 깨닫는 데 있다. 우리는 공적인 신앙고백과 세례를 통하여 지상 교회의 회원이 된다.

3 빈 ( )채우기

"저희가 먹을 때에 예수께서 (   )을 가지사 축복하시고 떼어 제자들을 주시며 가
라사대 받아 먹으라 이것이 내 몸이니라 하시고 또 (   )을 가지사 사례하시고
저희에게 주시며 가라사대 너희가 다 이것을 마시라"(마 26:26-27)

성례가 구원에 절대적으로 필요한 것은 아니나 주님께서 지키라고 명령하셨기 때
문에 고의적으로 세례와 성찬을 받지 않는 것은 불신앙을 나타내는 것이며 불순
종의 죄가 된다.

***기도**

***과제**

성찬 공동체를 이루고 있는 우리 교우 중 내가 잊고 있던 감사를 표할 사람들을
떠올려보라. 어떤 방식으로든 그 마음을 전하라.

>> 은혜의 방편 성찬

1 성찬은 그리스도께서 친히 제정하사 교회에 주신 은혜의 방편입니다.

2 성례로써의 성찬은 표이며 동시에 인입니다.

3 성찬이 표하는 그리스도의 죽으심에 우리도 동참해야 합니다.

4 성례인 성찬을 통해 신자는 실제적인 유익을 누립니다.

5 성례는 하나님께 대한 신앙고백의 표지입니다.

6 설교와 성례는 분리되어서는 안 됩니다.

7 하나님께서는 자신의 은혜를 잊지 않게 하시려고 절기를 정하셨습니다.

8 성찬은 성찬일 뿐입니다.

9 성령의 역사 없이 성찬에서 은혜를 기대할 수 없습니다.

10 성찬은 초대교회의 규칙적인 행위로 자리잡으며 초대교회 성도들은 떡을 떼기 위해 안식 후 첫날에 모이고는 했습니다.

11 십자가는 기독교의 가장 핵심적인 사건입니다.

12 십자가 진리에 대한 생생한 경험은 지속되어야 합니다.

13 성찬은 십자가 사건을 경험하게 하는 효과적인 방편입니다.

14 성찬은 주의 영광을 기리는 것이 아니라 주의 고난을 기리는 것입니다.

15 그리스도께서 십자가에 죽으신 첫 번째 이유는, 하나님의 영광을 위한 것입니다.

16 하나님의 영광을 위한 죽음은 하나님의 영광을 위한 삶의 연장선상에 있습니다.

17 그리스도께서 십자가에 죽으신 두 번째 이유는, 사람들을 위한 것입니다.

18 성도는 예수 죽인 것을 몸에 짊어져야 합니다.

19 예수 죽인 것을 몸에 짊어짐의 첫 번째 의미는, 예수님께서 십자가에 못 박혀 죽으신 것에 대해 책임을 느끼는 것입니다.

20 예수 죽인 것을 몸에 짊어짐의 두 번째 의미는, 하나님의 용서하시는 사랑에 대한 짐을 지는 것입니다.

*5 주일성수

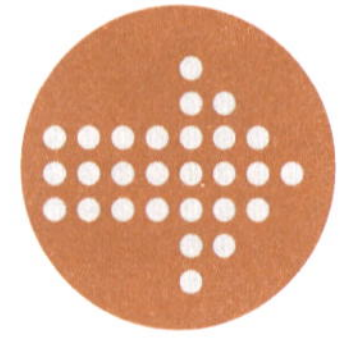

여는 시간

년 월 일 시 장소

차와 나눔

" 주님 안의 喜怒哀樂 "

찬양 

점검 " 지난주 제자의 삶"
성경읽기 (전혀못함 0, 1, 2, 3, 4, 5, 6, 7, 8, 9, 10 완벽함)
성구암송 (전혀못함 0, 1, 2, 3, 4, 5, 6, 7, 8, 9, 10 완벽함)
교재예습 (전혀못함 0, 1, 2, 3, 4, 5, 6, 7, 8, 9, 10 완벽함)
특별과제 (전혀못함 0, 1, 2, 3, 4, 5, 6, 7, 8, 9, 10 완벽함)
매일큐티 (전혀못함 0, 1, 2, 3, 4, 5, 6, 7, 8, 9, 10 완벽함)
점검 파트너 이름 /   서명 /

큐티나눔

근자에 주일 예배를 빠지고 출타해야 했던 기억이 있는가?

마태복음 12:1-13

당시의 유대인에게는 이방인과 특별히 구별되는 세 가지 다른 점이 있었는데,
첫째는 안식일을 지키는 것이었다(둘째는 할례, 셋째는 부정한 고기를 먹지 않음).
바리새적 유대주의 법전인 탈무드는 안식일에 대한 것을 24장에 걸쳐 기록하고 있다.

1 상황분석_1절을 보며

언제_______________어디서_______________누가_______________

무엇을_______________왜_______________어떻게_______________

2 바리새인들의 반응은? (2)

____

3 예수님은 바리새인들의 율법적인 비난에 누구의 예를 들어 설명하셨는가? (4)

____

또한 예수님은 그들에게 호세아서의 어떤 말씀을 인용하셨는가? (7)

____

4 안식일의 이차 전도_

아마도 가버나움이라 생각되는데(막2:1,3:1), 회당 안에 있던 이의 형편은?

바리새인들이 예수께 안식일에 병 고치는 것이 옳은지를 질문하였다. 그들의 목적
은 예수를 송사할 증거를 얻으려는 데 있었다. 예수께서 펼치신 논리는? (11,12)

당당한 결론! (13)

이 문제에 결말을 내기 위하여 그리스도께서는 안식일에 선을 행하는 것이 옳다
고 말씀하셨다.

주일성수를 위한 실제적인 권면!

1 '주일성수에 있어서 자기를 부인하고 십자가를 짐(눅 9:23)' 의 실례를 들어보라.

이 말은 그리스도인들이 주일을 지키기 위해 현실적으로 당하는 손해를 감수하자는
것이다. 주일에 가게를 닫으면 그만큼 손해가 생길 수 있다. 물론 안 생길 수도 있으나
그것은 하나님의 '넘치는 축복' 이지 상식적인 결과는 아니다. 또 주일을 지키기 위해
서 나를 위한 오락이나 여가를 희생할 필요도 있다.

때로 손해를 감수하면서 결단해야 할 때도 있다. 그러나 이런 결단은 모든 사람이 할 수 있는 것이 아니고 믿음의 분량대로 지혜롭게 할 일이다(롬 12:3). 다니엘의 세 친구들이 보여준 "그리 아니하실지라도" 의 믿음인 것이다(단 3:17-18).

휴일에 잔업이 많은 직장의 경우도 희생을 각오하면 주일을 지킬 수 있다. 주일 외의 휴일 특히 다른 사람들이 일하기 싫어하는 때, 추석이나 구정 등에 근무를 자청한다든가 하는 방법으로 해결할 수 있을 것이다.

2 '그러나 율법주의나 비성경적인 이원론에 빠지지 않아야 함' 의 실례를 들어보라.

주일을 지키는 동기가 '주를 위하여(롬 14:6)' 인지 확인할 필요가 있으며 주일을 지키는 문제에 대해 조금 다르게 생각하는 사람들을 포용하는 여유가 있어야 한다(롬 14:5). 예배드림 외에는 다 속된 일이라는 이원론에 빠지지 않고 직장 일도 주님께 하듯 해야한다는 사실을 안다면 때로는 '부득이' 주일임에도 불구하고 일을 해야 하는 수도 있다.

3 주일성수에 있어서 항상 이웃과 공동체에 대한 사랑을 고려해야 함의 실례를 들어보라.

예수님은 사람이 안식일을 위해 있는 것이 아니라 안식일이 사람을 위해서 있다고 분명히 말씀하셨다(막 2:27).

이는 사람들의 편의를 위해 주일성수를 통해 하나님께 영광 돌려야 하는 진리를 변질시켜도 좋다는 뜻은 아니다. 다만 주일성수 문제를 해결하기 위해 주님의 관점으로 사람들의 영혼을 귀하게 생각하면서 결단할 수 있어야 한다(갈 5:14).

믿음에 따른 결정이 잘못은 결코 아니다. 다만 예배와 회사의 일 사이에 갈등이 있을 때 지나치게 율법적으로 행동하지 않는 것이 중요하다(전 7:16-18).

4 출애굽기 20장이 말하는 주일 성수의 구체적인 예들

(8) ____

(9) ____

(11) ____

위 내용 중 당신에게 가장 필요한 것은?

____

5 빈( )채우기

"서로 돌아보아 사랑과 선행을 격려하며 (   )를 폐하는 어떤 사람들의 습관과
같이 하지 말고 오직 권하여 그 날이 가까움을 볼수록 더욱 그리하자" (히 10:24-25)

안식일이 주일로 바뀌다! 출애굽기 20장 11절에서 안식일의 제도는 창조의 기념일
로써 주어진 것이 사실이다. 그러나 신명기 5장 15절에는 구속의 기념일로써 지키
라고 강하게 명하고 있다. 이리하여 예수님의 제자들은 그리스도의 죽으심과 부활
을 체험한 후 안식일을 창조의 기념으로 지킨 것이 아니라 주께서 부활하신 날을 구
속의 기념일로 지키게 되었다. 왜냐하면 주님 자신이 안식 후 첫날인 지금의 주일
에 부활하셨기 때문이다. 그 후 예수님은 안식 후 첫날, 자신이 부활하신 날에 친히
제자들에게 나타나셔서 사죄의 은총과 평안을 축복하셨다(요 20장 19~23절).

*기도

____

*과제

'나는 토요일에 이렇게 주일을 준비하겠다'는 제목으로 글쓰기.

주일 성수하는 자의 결과

1 복 받는다

(사56 : 2) 안식일을 지켜 더럽히지 아니하며 그 손을 금하여 모든 악을 행치 아니하여야
하나니 이같이 행하는 사람 이같이 굳이 잡는 인생은 복이 있느니라

2 마음을 열어 말씀을 순종하게 한다

(행16 : 14) 하나님을 공경하는 루디아라 하는 한 여자가 들었는데
주께서 그 마음을 열어 바울의 말을 청종하게 하신지라

3 속죄 받아서 정결케 된다

(레16 : 30) 이날에 너희를 위하여 속죄하여 너희로 정결케 하리니

4 즐거움을 얻는다

(사58 : 4) 네가 여호와의 안에서 즐거움을 얻을 것이라

5 주의 성산에 이르러 기뻐한다

(사56 : 7) 내가 그를 나의 성산으로 인도하여 기도하는 내 집에서 그들을 기쁘게 할 것이며

주일을 범하지 않는 방법

1 6일간 모든 일을 해야 한다

(출31 : 15) 엿새 동안은 일할 것이나 제 칠일은 큰 안식일이니

2 자신과 자녀, 종, 나그네가 지켜야 한다

(출20:10) 제 칠일은 너의 하나님 여호와의 안식일인즉 너나 네 아들이나 네 딸이나 네 남
종이나 네 여종이나 네 육축이나 네 문안에 유하는 객이라도 아무 일도 하지 말라

3 부모를 공경해야 한다

(레19:3) 너희 각 사람은 부모를 경외하고 나의 안식일을 지키라

4 성소를 공경해야한다

(레26:2) 너희는 나의 안식일을 지키며 나의 성소를 공경하라

5 준비해야 한다

(대상9: 32) 그핫 자손 중에 어떤 자는 진설하는 떡을 맡아 안식일마다 준비 하였더라

*6 전도

여는 시간

년 월 일 시 장소

차와 나눔
" 주님 안의 喜怒哀樂 "

찬양

점검 " 지난주 제자의 삶"
성경읽기 (전혀못함 0, 1, 2, 3, 4, 5, 6, 7, 8, 9, 10 완벽함)
성구암송 (전혀못함 0, 1, 2, 3, 4, 5, 6, 7, 8, 9, 10 완벽함)
교재예습 (전혀못함 0, 1, 2, 3, 4, 5, 6, 7, 8, 9, 10 완벽함)
특별과제 (전혀못함 0, 1, 2, 3, 4, 5, 6, 7, 8, 9, 10 완벽함)
매일큐티 (전혀못함 0, 1, 2, 3, 4, 5, 6, 7, 8, 9, 10 완벽함)
점검 파트너 이름 /   서명 /

큐티나눔

당신이 지금까지 살아오며 기억에 남는 전도의 경험은?

요한복음 4:3-10

예수께서 사마리아를 통하여 길을 가기로 하셨다.

1 예수님의 행로를 지도를 통해 살펴보라. 왜 특이한가? (3,4)

___

예수님이 멈추신 곳과 그 시간은? (5,6)

___

2 예수님의 요구는 무엇이었으며 그 여인의 반응은? (7,9)

___

예수님은 이 여인을 정확히 알고 계셨으며(4:17,18), 이 사실은 '예배' 의 토론으로 이어졌으며 결국 여인은 예수님을 메시아로 발견하게 되었다(4:28,29).

특이한 것은 그 여인은 바로 전도의 열매를 맺기 시작했다는 점이다(4:39).

3 식사 때가 훨씬 지났음에도 주님의 마음은 어떠했는가? 그 이유는? (32,34)

___

1 그 예수님은 어떤 명령을 최후로 남기셨는가? (마28:19-20)

예수를 믿으면 우리의 신분부터 달라진다. 벧전 2:9은 나의 변화된 신분과 함께, 나의 소명을 무엇이라 하는가? (9하)

영혼전도와 비교해 볼 때, 교회 안에서 일어나는 그 외의 모든 일들은 집에 불이 났는데 가구를 옮기며 집안을 정돈하는 것과 같다. 당신의 일상 속에서 전도는 어떤 위치에 있는가?

---

2 전도에 대한 편견들

1 '전도는 전임사역자들만이 하는 것이다.' 그러나 사도행전 2:42 이하에 보면?

전도는 은사가 아니다. 전도는 주님의 지상명령이다.

2 '전도는 너무 어렵다.' 전도를 단지 인간편의 노력으로 되는 것이라고 생각하기 때문이다. 마 28:20하에 보면?

전도는 아무나 누구든지 할 수 있다. 그러므로 누구나 "전도는 쉽다. 나도 할 수 있다"는 생각으로 새롭게 각오를 하고 나가서 전도가 행동으로 실천될 때에 그의 헌신적인 수고는 결국 성령의 도우심으로 놀라운 전도 열매를 얻게 되는 것이다.

3 '전도할 기회나 시간이 전혀 없다.' 우리의 생은 어디엔가 투자됨으로 열매를 얻는
   것이다. 막 10 : 29-30을 보면?

---

4 '전도할 대상이 별로 없어서.' 그러나 그것이 어떻게 피할 구실이 되리요. 마 22:9,10
   에 의하면?

당신도 전도할 수 있다. 전도해야 할 사람을 구체적으로 적어 놓고 계속적으로 기
도하라. 반드시 그 사람은 당신에 의해 전도되어질 것이다. 그것은 성령께서 함께
하시기 때문이다.

5 '막상 사람을 만나면 할 말이 없다.' 그래서 일정 훈련이 필요하다.

---

3 전도자의 자세

1 먼저 확신을 가지라! 막 16 : 15,16을 보라
2 사람의 영혼을 사랑하라! 눅 19 : 9, 10을 보라.
3 항상 준비해야 한다. 행 18 : 9, 10을 보라.
4 전도 대상자를 연구하라. 요 4 : 16을 보라.

4 빈( )채우기

" 그런즉 저희가 믿지 아니하는 이를 어찌 부르리요 듣지도 못한 이를 어찌 믿으리요
   (   )하는 자가 없이 어찌 들으리요 보내심을 받지 아니하였으면 어찌 전파하
리요 기록된 바 아름답도다 좋은 (   )을 전하는 자들의 발이여 함과 같으니라"
(롬 10:14-15)

교회가 이 땅에 존재하는 목적은 크게 세 가지로 나누어 생각해 볼 수 있다. 하나님과 세상과 교회 자신을 위하여 존재한다. 그리고 교회는 이 세 가지 존재 목적을 통하여 하나님의 나라를 이 땅에 오게 하는 하나님의 도구가 되어야 한다. 교회가 세상을 위해서 존재한다고 할 때 이것은 가장 우선적으로 복음 전파와 관련된다. 아직도 복음을 듣지 못하고 구원받지 못한 사람들에게 그리스도를 전파함으로 구원에 이르게 하는 것이다.

구호!

1 전도는 쉽다!
2 나도 할 수 있다!

***기도**

- -

*** 과제**

금주 중에 반드시 2인 이상 전도하기
복음제시 실습보고서_ (누구, 언제, 어디서, 어떻게, 결과, 느낀 점)

▶▶ 다미안 신부가 나환자 수용소 몰로카이 섬에 갔을 때의 그곳은 지옥이나 다름없었습니다. 서로 간에 격렬한 싸움이 그칠 줄 몰랐고 자살하는 자도 많았었습니다. 다미안 신부는 그들을 위해 힘껏 일하려 했으나 오히려 비웃음만 샀습니다.

"흥! 하나님 사랑? 좋아하시네! 사랑이 있다면 우리를 이 모양 이 꼴로 썩어 문드러지게 내버려둬? 그따위 사랑은 당신과 같은 건강한 사람만이 할 수 있는 잠꼬대 같은 거야!"하고 빈정댈 뿐이었습니다. 이때 다미안 신부는 무릎을 꿇고, "오 주여! 나로 하여금 문둥병 환자가 되게 하소서! 그리하여 이들의 마음을 깨우치게 하소서!"하며 간절히 기도하였습니다. 과연 하나님의 응답은 허락되어 다미안 신부는 손바닥부터 썩어 들어가기 시작하였습니다. 그때 그는 "나도 당신들과 같은 문둥병 환자입니다. 비록 나의 육체는 썩어가지만 마음에는 평화가 있습니다. 사랑하는 형제들아, 나를 따라 하나님을 믿으라"고 외쳤습니다.

다미안 신부는 진정으로 그들을 사랑하고 있다는 증거를 보여주었습니다. 다미안 신부의 진실한 사랑에 감복되어 몰로카이 소용소의 환자들은 차츰 자살자가 줄고 삭막한 투쟁의 세계는 평화의 세계로 변해가기 시작하였습니다.

*7 전도 2

여는 시간

년 월 일 시 장소

차와 나눔

" 주님 안의 **喜怒哀樂** "

찬양

점검 " 지난주 제자의 삶"
성경읽기 (전혀못함 0, 1, 2, 3, 4, 5, 6, 7, 8, 9, 10 완벽함)
성구암송 (전혀못함 0, 1, 2, 3, 4, 5, 6, 7, 8, 9, 10 완벽함)
교재예습 (전혀못함 0, 1, 2, 3, 4, 5, 6, 7, 8, 9, 10 완벽함)
특별과제 (전혀못함 0, 1, 2, 3, 4, 5, 6, 7, 8, 9, 10 완벽함)
매일큐티 (전혀못함 0, 1, 2, 3, 4, 5, 6, 7, 8, 9, 10 완벽함)
점검 파트너 이름 /   서명 /

큐티 나눔

신자를 거룩한 낚시꾼이라
할 수 있다면 당신의 낚시터는 어떤 곳들이 있을까?

베드로전서 3:15

1 준비된 전도자란 어떤 자인가? (벧전 3:15)

____

2 복음 제시의 내용을 내 것으로 만들고 익히는 과정이 필요하다.

1 요한복음 3 : 16(하나님의 사랑) " 하나님이 세상을 이처럼 사랑하사 _________를 주셨으니 이는 저를 믿는 자마다 영생을 얻게 하려 하심이니라 "

2 로마서 3 : 23 (인간의 죄) " 모든 사람이 죄를 범하였으매 _________의 영광에 이르지 못하더니 "

3 요한복음 14 : 6 (오직 한 길, 예수) " 예수께서 가라사대 내가 곧 길이요 진리요 생명이니 나로 말미암지 않고는 _________께로 올 자가 없느니라 "

4 요한복음 1 : 12 (영접해야 한다) " _________하는 자 곧 그 이름을 믿는 자에게는 하나님의 자녀가 되는 권세를 주셨으니 "

위 네 성구를 이어 자신의 말로 설명해보자.
(둘씩 짝지어 워크 샵 하기)

주의! 기쁘고 복된 소식으로 시작하라. 논쟁의 가능성있는 이야기는 삼가라. 정중하고 산만한 자리를 피하라. 성령께 위탁하는 심정으로 복음을 전하라!

전도 접촉의 방법은 다양하다. 만약 길거리에서 전도한다면 전도지를 나누어 주든지 큰 소리로 외치든지 해야 할 것이고, 각 가정을 찾아 들어가는 축호 전도라면 개인 설득의 방법으로 복음을 전해야 할 것이다.

1 그 각각의 방법에 대한 당신의 생각은?

사람들은 친척이나 친구 등 '인간 관계'를 통해서 교회에 나온다(86%)! 비신자들과 친분관계를 만들어야 한다. 관계 중심의 생활양식이 중요하다. 관계 맺기와 더불어 살아가기를 기억하라. 당신의 인간관계망을 위해 참석할 필요가 있는 모임은 어떤 것들이 있는가?

---

2 이 관계 속에서 마음을 품은 대상을 보통 '태신자(胎信者)'라고 부른다. 태신자를 품고 늘 해야 할 일은? (삼상 12 : 23)

---

3 관계 형성의 열쇠는 무엇인가? (마22:39)

사람들의 아픔과 필요를 돌아봄, 애경사에 함께함 등이다. 관계 전도를 위해서는 무엇보다 '나 자신이 복음이 되는 것(약3:17-18)'이다. 즉 아름다운 그대로 비춰져야 한다.

미인대칭(微人對稱)! '미소짓기, 인사하기, 대화하기, 칭찬하기….에서 당신의 경우 더 보충해야 할 부분은?

---

4 상대방의 마음을 여는 대화법_ 다음 각각의 예를 들어보라.

상대방의 장점을 주제로 이야기?

인정하고 칭찬해주기?

상대방의 말을 끝까지 경청하기?

맞장구치며 공감하기?

지금까지 살며 누군가가 나를 크게 감동시켰던 말이나 행동을 기억해보라. 바로 그것이다!

---

5 우리의 삶의 열매는 우리가 얼마나 많은 일을 했느냐가 아니라 우리가 매순간 얼마나 깊이 헌신했느냐이다. 진정으로 변화된 인격과 삶은 구체적인 헌신이 뒤따른다. 특히 영혼 전도를 위해서는 시간, 재능, 물질의 헌신이 요구된다.

이 세 가지는 나의 것이 아니라 이웃을 위한 나의 것이다. 각각의 헌신도를 100점 만점으로 생각하고 나의 도합 점수를 매겨보자.

시간 (　　　점) + 재능 (　　　점) + 물질 (　　　점) = (　　　점)

6 빈( ) 채우기

" 하나님은 모든 사람이 (   )을 받으며 진리를 아는 데 이르기를 원하시느니라
하나님은 한 분이시요 또 하나님과 사람 사이에 (   )도 한 분이시니 곧 사람이
신 그리스도 예수라" (딤전 2:4-5)

제자의 삶 서약

나는 그리스도의 제자로서 나를 부르신 그 소명에 따라 이 땅을 사는 동안 사명의
삶을 살기로 약속합니다.

1 평생 동안 전도자임을 기억하며 살겠습니다.
2 태신자를 가슴에 품고 섬기며 살겠습니다.
3 첫 태신자를 훈련과정 마치는 날까지 인도하겠습니다.

			년 월 일
위 본인	이름	서명	
동료 증인	이름	서명	
지도자 확인	이름	서명	

*기도

----

*과제

▶▶ 태신자를 결정하고 위한 한 주간의 점검 도표

(금주 이후 매주 점검을 함)

태신자를 위한 한 주간의 점검

태신자를 위한 점검

전화 O X 기도 O X 편지 O X 방문 O X

전도를 위한 선행

▶▶ 전도 전략

1단계 관계맺기

선물, 경조사참석, 정기적 사귐

2단계 전도자료전달

교회주보나 전도지, 설교나 찬양테잎, 성경

3단계 초청

교회, 소그룹, 가정, 기독교 행사등

*8 이단

여는 시간

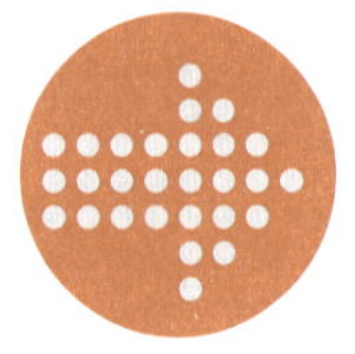

년 월 일 시 장소

차와 나눔

" 주님 안의 **喜怒哀樂** "

찬양 

점검 " 지난주 제자의 삶"
성경읽기 (전혀못함 0, 1, 2, 3, 4, 5, 6, 7, 8, 9, 10 완벽함)
성구암송 (전혀못함 0, 1, 2, 3, 4, 5, 6, 7, 8, 9, 10 완벽함)
교재예습 (전혀못함 0, 1, 2, 3, 4, 5, 6, 7, 8, 9, 10 완벽함)
특별과제 (전혀못함 0, 1, 2, 3, 4, 5, 6, 7, 8, 9, 10 완벽함)
매일큐티 (전혀못함 0, 1, 2, 3, 4, 5, 6, 7, 8, 9, 10 완벽함)
점검 파트너 이름 /   서명 /

큐 티 나눔 

NEW
한주간의 점검

태신자를 위한 한 주간의 점검

태신자를 위한 점검

전화 O X **기도** O X **편지** O X **방문** O X

전도를 위한 선행

자신이나 이웃이 이단으로
인해 큰 피해를 본 사례가 있는가?

요한이서 1:7-13

초대교회 시대에는 순회 전도자들이 있었다. 이를 이용하여 교인들과 교회를 찾아
다니며 거짓 가르침으로 미혹하는 자들이 나타난 것이다.

1 요한 사도는 이들을 무엇 무엇이라고 불렀는가? (7)

이단자의 다른 명칭으로는 '거짓 선지자(마7:15)', '거짓 형제(갈2:4)', '자칭 사
도(계2 : 2)' 등이 있다.

2 또한 그들의 그릇 주장의 핵심은 무엇이었는가? (7하)

이처럼 이단의 대표적 특징은 그리스도를 부인함으로 나타나며, 그 외에도 분쟁과
율법에 대한 다툼을 일으킴(딛3:9), 외식함으로 거짓말을 함(딤전4:2), 탐심으로
지은 말로 이익을 삼음(벧후2:3)등이 있다.

3 성도들은 무엇 안에 거해야 하는가? (9)

요한은 적그리스도에 미혹되는 것을 경계하여 지금까지 사도들이 복음을 위하여 수고한 일들이 수포로 돌아가지 않도록 함으로써 온전한 상을 얻으라고 권면하고 있다. 또한 예수님의 교훈과 기독교 신앙의 본질인 성경을 넘어서서 자신들의 지혜와 철학을 앞세운 이단에 대해 단호히 경계한다.

'이단' 이란 말은 '정통' 에서 어긋난 가르침이나 교리를 따르는 무리를 의미한다.

1 이단이 우리에게 위협이 되는 이유는 저들이 성경을 들고 접근하기 때문이다. 그러나 바로 그 점 때문에 우리는 저들을 이길 수 있다. 성경의 경고는?
(벧후2:1을 요약해보라)

____

____

이단들의 발상지에 따라 토종과 수입종이 있는데, 다음과 같이 분류할 수도 있다.

교주 숭배형, 종말 협박형, 도피형 등….

2 그 이단들을 어떻게 대하면 좋을까? (요이 1:10,11)

____

불필요한 토론을 피하라. 그러나 적대감을 갖지 말고 사랑하라. 한 두 번 경계한 후 멀리하라(딛3:10,11). 그러나 피함이 능사가 아닐 수도 있다. 그때에는 어떻게 해야 하는가? (벧전3:15)

3 우리 주변에서 쉽게 접할 수 있는 이단들은 무엇인가?

여호와 증인, 안식교, 몰몬교, 통일교등의 공통점들 ?

1 성경의 절대적 권위를 부인함. 성경을 편협하게 해석하고, 자기들 나름의 권위서들이 최종의 권위를 갖는다고 주장(성경의 증언? 계22:18,19).

2 예수 그리스도의 절대적 신성을 부인. 신약에서 예수님이 하나님이심을 증거하는 구절들을 다 빼면 별로 남는 게 없다(성경의 증언? 요일4:2,30).

3 행위로 구원 받는다고 가르침(성경의 증언? 갈2:21).

4 지옥을 부인함(성경의 증언? 계21:7,8).

결국 이들은 조잡하고, 거듭 번복되는 신학을 갖고 있다. 한 예로 가장 바른 책이라고 주장하는 몰몬경은 지금까지 3,000번 이상 개정되어야 했다.

결국 이단에 대한 성도의 태도는 한두 번 훈계한 후에 멀리 해야 함(딛3:10), 집에
들이지 말고 인사도 말아야 함(요이1:10), 살피고 떠나야 함(롬16:17)등이다.

***기도**

***과제**

최근에 접했던 한 가지 이단에 대해 연구해 오기

이단(heresy)라는 말은 본래 한 파당이나 분파를 가리키는 말이었다. 그러나 점차 정통교리에서 벗어난 사상, 분파주의를 의미하게 되었는데 초대 교부 중 한 사람인 순교자 저스틴은 이단자들을 단순히 교회의 단일성을 해치는 자라기보다는 오히려 신의 존재를 부인하는 자, 신앙심이 없는 자라고 부름으로써 이들이 전통교리를 무시하고 자기의 뜻과 의지대로 기독교 사상을 왜곡시키는 자로 이해하고 있음을 알게 해 주었다. 기독교 전통에 있어서 이단은 초기부터 발생되어 오랜 세월 동안 각양 다른 형태들로 발전해 왔는데 이단의 최초의 핵심적인 관심은 예수 그리스도에 대한 것이었다. 성경은 예수 그리스도가 완전한 신이자 완전한 인간으로 말씀하고 있다. 그러나 유대 기독교인 중에는 예수께서 신이라는 사실이 여호와 하나님께 대한 유일 신앙에서 벗어나는 것으로 이해하고 예수의 신성을 거부하였는데 후대에는 이들을 에비온파라고 불렀다.

한편 헬라 기독교인들 중에는 헬라의 영지주의의 이원론의 영향으로 물질과 육신을 악한 것으로 이해하여 하나님이신 예수 그리스도가 육신으로 이 세상에 오셨다는 사실을 거부하여 단지 사람들의 눈에만 육신을 입으신 것으로 보였을 뿐 실제로 육신으로 오셨다는 사실을 거부하였는데 후대에 이들을 가현론자들이라고 불렀다. 예수의 신성과 인성에 대한 견해는 끊임없이 이단을 발생케 하였는데 이는 참 신이시며 참 인간이시라는 논리를 합리적으로 이해하고자 하는 인간적인 생각에서 비롯된 것이다.

오늘날 전 세계적으로 수많은 이단종파들이 있는데 특별히 기독교가 급성장한 한국에서의 이단 발생은 두드러진 현상 중의 하나이다. 1935년 신학적 이단성을 지적받은 최태용의 복음교회는 신약성서의 유일회적인 계시와 삼위일체를 부인하였으며, 1940년 대 전후에는 김백문의 메시야 운동이 이단운동의 주류를 이뤄 문선명의 통일교, 박태선의 전도관 등의 종파를 파생시켰다. 그 중에 기독교계 이단종파도 상당수에 이른다. 이를 다시 외래파와 국산파로 구분할 수 있는데 외국에서 들어온 이단 종파로는 안식교, 여호와의 증인, 몰몬교, 크리스챤 사이언스, 하나님의 자녀들 등이 있으며 국내에서 발생된 것으로는 통일교, 전도관을 비롯하여 이에서 파생된 통일원리파, 우주 신령학회, 생수교회, 대한기독교 장막성전, 호생기도원, 천국복음전도회, 세계순금 등대교회, 새일중앙교회 등이 있다. 현재 국내에서는 이단들이 신도들의 헌금을 모아 사업체를 운영하다가 사회에 물의를 일으킨 사례가 종종 나타나는데 이단은 결국 교주들의 물욕이나 간음행위로 인해 가정을 파괴하고, 신자들로 하여금 종래에는 신앙이 아니라 교주들의 사리사욕을 채우는 도구로 전락하여 하나님께로부터 영원한 멸망의 심판을 받게 되는 자리에 이르게 하는 결과를 가져온다.

*9 종교들

여는 시간

년 월 일 시 장소

차와 나눔

" 주님 안의 喜怒哀樂 "

찬양 

점검 " 지난주 제자의 삶"
성경읽기 (전혀못함 0, 1, 2, 3, 4, 5, 6, 7, 8, 9, 10 완벽함)
성구암송 (전혀못함 0, 1, 2, 3, 4, 5, 6, 7, 8, 9, 10 완벽함)
교재예습 (전혀못함 0, 1, 2, 3, 4, 5, 6, 7, 8, 9, 10 완벽함)
특별과제 (전혀못함 0, 1, 2, 3, 4, 5, 6, 7, 8, 9, 10 완벽함)
매일큐티 (전혀못함 0, 1, 2, 3, 4, 5, 6, 7, 8, 9, 10 완벽함)
점검 파트너 이름 /　　　　　　서명 /

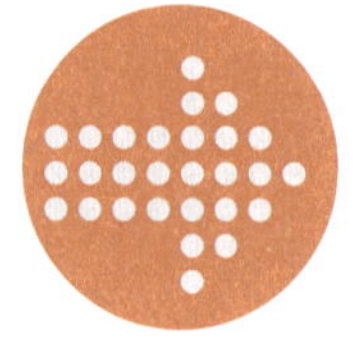

태신자를 위한 한 주간의 점검

태신자를 위한 점검

전화 ○ X **기도** ○ X **편지** ○ X **방문** ○ X

전도를 위한 선행

주위에서 근자에 점을 본 사람을 아는가? 그 이유는 무엇이
었는가?

사도행전 17:16-23

아덴에서 베뢰아에 남아 있는 실라와 디모데 등 일행을 기다리던 바울은 그 성에
우상이 가득한 것을 보고 이곳에서도 복음을 전하였다. 아덴은 외세의 침략도 있었
지만 백성들이 자부심을 가질 만큼 정치, 학문 그리고 문화의 꽃을 피운 곳이다. 그
러나 이러한 발전이 그들에게 우상을 만들어 섬기는 계기가 되었다.

1 바울이 거리에서 발견한 것은? (16)

바울의 마음이 분했던 이유는 무엇일까?

당시 아덴은 신들의 도시라고 불리울 정도로 그곳에 세워진 신상의 수가 헬라 전국
의 신상의 수를 능가할 정도로 많았다.

2 그날 이후 바울은 회당과 시장거리에서 복음을 전했다. 그런 그들이 바울을 어찌
했는가? (19,20)

범신론적 사고를 갖고 있는 아덴 사람들은 저마다 각종 신들을 믿고 있었으므로 바울이 전하는 복음을 하나의 새로운 종교로 생각했다. 그들의 내면을 간파한 바울이 한 말은? (22)

1 다음 구절이 말하는 종교의 본질을 아래에서 찾아보면?

요나서 1:5 (   ) 로마서1:19 (   )

a 종교란, 사람이 스스로 신을 찾아가려는 행위이다.

b 종교란, 하나님을 떠난 인간이 그 공허함을 채우기 위한 몸짓이다.

인간은 옛날부터 소원을 이루기 위해 주술신앙, 자연숭배, 토테미즘, 샤머니즘 등의 원시 신앙을 통해서 그들의 소원을 표현하곤 했다. 인간이 종교를 갖기를 원하는 이유는 하나님으로부터 창조된 영혼의 욕구가 있기 때문이다. 사람은 누구나 신을 인정하는 보편적인 믿음을 갖고 태어나게 된다. 무신론자들도 이 세상이 어떤 절대적인 존재에 의해 창조되고, 또 지배되고 있음을 알고 있다.

2 '우상' 으로 대표되는 종교들은 결국 인간의 구원의 문제를 해결할 수가 없다. (렘2 : 28을 자신의 말로 써보라.)

이방인의 제사는 결국 누구에게 하는 것인가? (고전10:20)

---

3 당신에게 떠오르는 종교들은 어떤 것들이 있는가?

일반적으로 고등종교라 불리우는 것들 외에 미신이라고 불리우는 민간신앙이 있다. 우리나라의 경우 샤마니즘으로 무속신앙이다. 이것에 대한 성경의 경고는 어떠한가? (신 18:9-11)

4 '종교다원주의' 라는 말을 들어보았는가? 이에 대한 당신의 생각은?

다양화된 사회 속에서 우리는 다른 종교들의 존재를 인정한다. 그들과 환경운동이나 사회 복지 등 일반적 협력을 할 수 있다. 그러나 구원의 문제에 대해서 타협할 수 없는 것은, 그들도 예수 그리스도가 필요한 이웃이기 때문이다.

5 빈( )채우기

"내가 (   )을 부끄러워하지 아니하노니 이 (   )은 모든 믿는 자에게 구원을 주시는 하나님의 능력이 됨이라 첫째는 유대인에게요 또한 헬라인에게로다"(롬 1:16)

기독교란 유일신 창조주 하나님을 믿는 종교로써 다른 어떤 신도 인정하지 않는다 (사44:6). 기독교는 하나님의 아들 그리스도를 구주로 믿는 종교이다. 예수님께서는 죄인들에게 구원을 선포하기 위해 이 땅에 오셨다(히 2:14).

기독교는 현실을 부정하고 내세만 주장하지 않는다. 오히려 복음과 성령의 능력 안에서 보다 현실에 충실하고, 바르게 살도록 하며 그 결과 모든 질병에서 벗어나 보다 풍성한 삶을 살게 된다.

요한복음 14장 6절을 읽고 기록하라.

____

____

*기도

*과제

연약한 한 성도 가정을 초대하여 교제하며 신앙을 견고히 세워주기

▶▶ 신앙생활의 미신적 특징 10가지 (야고보서 2장 21-22절)

바른 믿음과 순종하는 마음이 없는 상태에서의 지식추구는 위험할 수 있습니다. 바로 그러한 점 때문에 신앙적인 지식추구를 하찮게 생각하는 흐름이 있습니다. 그러나 우리의 하나님을 아는 지식은 세월이 지날수록 반드시 더해져야 합니다. 신앙생활을 하면서 지적인 면을 외면하면 원시적인 면을 탈피할 수 없게 됩니다. 특히 미신적 기독교와 참된 기독교를 분별할 수 있는 지식은 반드시 필요합니다. 그러한 분별을 위해서 기독교의 미신적(혹은 무속적) 특징이 무엇인지 알아보면…

1 말만 앞세웁니다. 자기가 제일 신령한 사람이라는 어투는 최대한 피해야 합니다.

2 한이 많습니다. 신앙생활을 한풀이의 통로로 사용하려는 자세도 없어야 합니다.

3 싸우려고 듭니다. 신앙을 전투로만 생각하고 이해와 용서를 모른다면 문제입니다.

4 두려움과 정죄감을 조장합니다. '저주'라는 어휘를 자주 사용하는 분은 위험합니다.

5 어거지가 많습니다. 신앙은 '상식을 초월하는 것'이지만 결코 '몰상식'은 아닙니다.

6 가정을 경시합니다. 사명을 이유로 가정을 팽개치는 모습은 주님의 뜻이 아닙니다.

7 외적인 축복을 강조합니다. 내면의 인격적인 행복이 없는 축복은 허무한 것입니다.

8 신기한 것을 좋아합니다. 신앙을 '신기한 것'으로 아는 것은 미성숙의 증거입니다.

9 엉뚱한 특권의식이 있습니다. 앞선 사람들은 인정하기보다는 비판하기 좋아합니다.

10 질서의식과 공동체의식이 빈약합니다. 이기주의와 무책임은 신앙의 큰 적입니다.

신앙이 생활 속에서 소중한 가치를 창조해내지 못하면 바른 신앙이 될 수 없습니다. 자기가 믿는 바를 행동으로 입증할 수 있을 때 그 신앙은 바른 신앙이 될 것입니다. 우리의 신앙이 모양은 있지만 내용이 없는 미신적인 신앙이 되지 않게 해야 합니다.

*10 치유

여는 시간

년 월 일 시 장소

차와 나눔

" 주님 안의 喜怒哀樂 "

찬양 

점검 " 지난주 제자의 삶"
성경읽기 (전혀못함 0, 1, 2, 3, 4, 5, 6, 7, 8, 9, 10 완벽함)
성구암송 (전혀못함 0, 1, 2, 3, 4, 5, 6, 7, 8, 9, 10 완벽함)
교재예습 (전혀못함 0, 1, 2, 3, 4, 5, 6, 7, 8, 9, 10 완벽함)
특별과제 (전혀못함 0, 1, 2, 3, 4, 5, 6, 7, 8, 9, 10 완벽함)
매일큐티 (전혀못함 0, 1, 2, 3, 4, 5, 6, 7, 8, 9, 10 완벽함)
점검 파트너 이름 /   서명 /

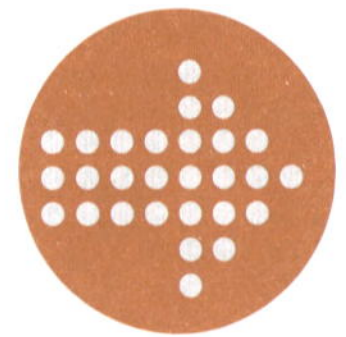

큐티 나눔

태신자를 위한 한 주간의 점검

태신자를 위한 점검

전화 O X **기도** O X **편지** O X **방문** O X

전도를 위한 선행

닻 올림

당신은 최근 질병으로부터 치유의 은혜를 입은 어떤 이를 아는가?

항해 지도

마가복음 2:1-7

지도 보기

1 예수께서 도를 전하시던 가버나움 집의 상황은? (2)

____

중풍병자의 질병의 상태는? (3,4)

____

중풍병자의 네 친구는 예수님의 권세를 믿었다. 큰 확신이 없었다면 네 친구는 병자를 데리고 도로 가버렸을 것이다. 하지만 네 친구는 급기야 지붕을 뜯어내었고 그 구멍으로 친구를 예수님 계신 곳에 내려놓았다. 예수님은 이런 행동을 하게 된 네 친구의 믿음의 동기를 이미 아셨다.

2 예수님의 치유 선언 내용은? (5)

____

이를 목격한 서기관들이 당황한 이유는? (7)

____

뒤 12절을 보면, 그는 육신의 중풍병에서 치유되었다.

인간은 신체적, 정서적, 영적으로 통합된 존재이다. 그 중 한 부분이 성처를 입으면 다른 부분들도 모두 그 영향을 받는다.

3 우리는 절제 있는 생활을 통해 건강을 유지해야 한다. 사람들은 몸을 지나치게 부리는 경우와 반대로 몸만을 챙기는 경우의 극단적인 경향이 있다.

'건강이 우상' 이 되는 경우는 어떤 경우일까?

우리는 주위의 질병으로 고생하는 사람들을 위해 무엇을 해야 하는가? (약 5:16)

육신의 안녕을 위한 4가지 지침! 적당히 먹으라. 적절히 휴식하라. 요령 있게 운동하라. 건전한 생각을 하라.

그러나 사람은 영적인 건강이 근본이며 여기서 정신의 건강으로 이어진다. 그러므로 예수님의 지상 사역은 가르침, 전파하심, 고치심으로 요약할 수 있는 바(마 4:23), 특히 그의 치유(healing) 사역은 단지 병자들의 육신을 치료하는데만 멈추지 않았다. 중풍병자가 경험한 것은 영적 치유와 육신의 치유이었다.

1 그러면 다음은 어떤 치유를 말하는가? (사 61:1-3)

이는 '내적 치유', 즉 사람의 마음이 치유 받는 것을 말한다. 육체의 질병의 70%가 마음의 질병에서 기인하는 심인성 질병이라고 한다. 내적 상처의 종류들은 거절감, 애정결핍, 분노, 두려움, 열등감, 죄책감 등이 있다.

위 항목들 중 내게 나타나는 모습이 있는가?

그 원인이 무엇인가? (열린 마음으로 답)

2 상처의 근본적 원인은 원죄이다. 모든 인간은 상처를 가지고 있다(잠재적으로). 에덴동산에서 추방되면서 모든 상처를 모든 인간이 다 가지고 태어나게 되었다. 그러나 주변 환경의 영향이나 문제로 이 상처가 현실로 나타나게 된다. 직접적인 원인은 상처 있는 부모, 주변 사람들(형제, 친척, 친구)이다. 특히 우리가 가지고 있는 상처를 현실에서 보다 더 심각하게 만드는 것은 상처 많은 배우자이다.

3 내적 상처가 있는 사람에게 있는 가장 심각한 문제는 관계의 장애이다. 그의 두드러진 특징은 '이기적'인 것과 '자기중심적'이라는 것이다.

1 **하나님과의 관계 장애** 영적이지 못하거나 건강하지 못한 신앙
2 **자신의 내면과의 관계 장애** 자학, 자고 등등의 잘못된 자아 인식
3 **다른 사람과의 관계 장애** 지나치게 집착하거나 회피하는 것. 건강하지 못한 관계
4 **자연과의 관계 장애** 일이나 건강에 문제가 있음.

위 내용 중 내게 나타나는 현상은 무엇인가?

4 치유! 예수의 이름으로 치유됨을 확실히 믿어야 한다. 그리고 잘못된 자기 속박에서 해방되었고 자유로움을 선포해야 한다. 예수 그리스도의 보혈은 치유하는 능력의 도구이다. 주님은 단순히 십자가에서 죽으셨을 뿐 아니라 보혈을 흘려주심으로 우리 가운데 온전한 치유를 선포하셨다.

5 빈 ( )채우기

"주의 성령이 내게 임하셨으니 이는 가난한 자에게 (   )을 전하게 하시려고 내게 기름을 부으시고 나를 보내사 포로된 자에게 자유를, 눈먼 자에게 다시 보게함을 전파하며 눌린 자를 (   )케 하고 주의 은혜의 해를 전파하게 하려 하심이라 하였더라"(눅 4:18-19)

새로운 피조물로 살아가기 위해서 우리는 '부수고 세움' 이라는 복음의 방법을 사용해야한다. 옛 삶의 모습을 부수자. 새로운 삶의 모습을 세우자.

사람_ 하나님께서 맺어 주신 사람들과만 만남 (가족, 신앙의 동역자들)

장소_ 하나님께서 허락하신 장소만 거함 (집, 교회, 일터, 자연)

오락_ 주님께서 함께 기뻐하실 오락만을 행함 (유익하고 삶을 살리는 오락)

습관_ 경건의 훈련을 받는 습관 (예배, 성경 읽기, 기도 등등)

＊기도

" 예수 그리스도의 이름으로 명하노니….

　예수 그리스도의 보혈로 나를 지켜 주옵소서"

＊과제

주위에 질병이나 마음의 눌림 등으로 힘들어 하는 이를 방문하고 세워주기

자신을 변화시키는 8가지 법칙

1 자신의 행동에 책임을 져라. 책임과 기회는 비례한다.

2 절제력을 길러라. 우리가 어떤 사람인가는 오랫동안 쌓아온 규율의 결과다.

3 자신의 약점을 깨달아라. 자신의 약점을 아는 사람은 자신의 약점 때문에 쉽게 놀라지 않으며 남들이 자신의 약점을 이용하도록 내버려두지도 않는다.

4 중요하다고 생각하는 것을 먼저 하라. 일관성이 있다는 것은 자신의 믿음과 행동을 일치시킨다는 것을 뜻한다.

5 잘못은 빨리 시인하고 용서를 구하라.

6 특히 돈 문제에 신경을 써라. 누군가의 성품에 대해 알고 싶으면 그 사람이 돈을 어떻게 다루는지를 보면 된다. 돈이 사람을 변화시키지는 못한다. 단지 사람의 실체를 보여줄 뿐이다. 만일 누군가 천성적으로 이기적이거나, 오만하거나, 탐욕스럽다면 돈이 그의 성품을 보여줄 것이다.

7 일보다 가족을 소중히 여겨라. 가족과 함께 해야만 성공할 수 있다. 소중한 것을 먼저 하라. 가정이 안정되면 자신이 원하는 것을 무엇이든 이룰 수 있다.

8 사람들에게 높은 가치를 부여하라. 사람들이 명성을 쌓을 때 어떤 사람이 되어야지, 어떤 것이 좋은 것인지에만 관심을 집중한다. 왜냐하면 그것이 성공의 과정에서 중요한 부분을 차지하기 때문이다. 하지만 진정한 황금의 기회를 잡으려는 사람들은 그 이상의 일을 해야 한다. 그것은 다른 사람들을 존중해 주는 것이다. 이것이 황금률의 본질이다.

*11 결손

여는 시간

년 월 일 시 장소

차와 나눔

" 주님 안의 喜怒哀樂 "

찬양 

점검 " 지난주 제자의 삶"
성경읽기 (전혀못함 0, 1, 2, 3, 4, 5, 6, 7, 8, 9, 10 완벽함)
성구암송 (전혀못함 0, 1, 2, 3, 4, 5, 6, 7, 8, 9, 10 완벽함)
교재예습 (전혀못함 0, 1, 2, 3, 4, 5, 6, 7, 8, 9, 10 완벽함)
특별과제 (전혀못함 0, 1, 2, 3, 4, 5, 6, 7, 8, 9, 10 완벽함)
매일큐티 (전혀못함 0, 1, 2, 3, 4, 5, 6, 7, 8, 9, 10 완벽함)
점검 파트너 이름 /   서명 /

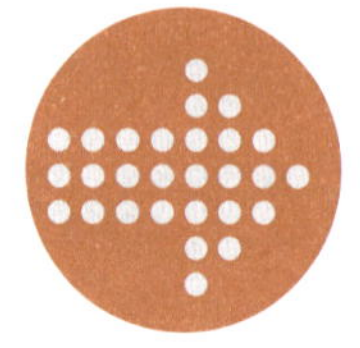

태신자를 위한 한 주간의 점검

태신자를 위한 점검

전화 O X 기도 O X 편지 O X 방문 O X

전도를 위한 선행

겸손과 자기 비하는 어떻게 다른가?

마가복음 10:32-45

문제의 발단을 일으킨 두 인물인 야고보와 요한은 예수님께서 야이로의 딸을 소생시키시는 현장이나 변화 산상의 현장에 동행했을 만큼 예수님의 특별한 관심을 받고 있던 자들이었다.

그러나 그들은 예수님의 이러한 배려를 자신들을 다른 제자들보다 우위에 두셔서 예수님에 버금가는 권세를 주시기 위함이라고 오해하였다. 예수께서 예루살렘에 올라가시면 당하게 될 수난과 죽음, 부활에 대한 세 차례의 예고를 들었으면서도 두 제자는 이해할 수 없었다. 둘의 관심은 메시야 왕권의 영광에만 있었기 때문이다.

1 예수님은 무엇이 예루살렘에서 자신을 기다리고 있다고 하셨는가? (32-34)

___

예수님이 이제 예루살렘에 올라가시면 뭔가 일을 벌이실 것 같다고 판단한 두 사람은 그 전에 베드로를 제치고 제 2인자로서의 자신들의 위상을 견고히 해놓고자 예수님의 확답을 들으려 한 듯하다(마태복음에 의하면 예수님의 친이모이기도 한 자신들의 어머니까지 등장시켜 청탁을 넣었다).

이 말씀에 비춰 볼 때, 야고보와 요한의 청은 어떤 점에서 적절하지 못한 것인가?

당신이 이들과 같은 야심가가 되는 경우는 어떤 경우인가?

2 야고보와 요한의 잘못과 다른 제자들과의 잘못을 비교해보라.(41)

남은 칭찬을 얻는데 당신은 얻지 못했을 때 질투나 분노한 적은 없는가?

3 세상에서 위대해지는 것과 하나님 나라에서 큰 자가 되는 것을 어떻게 비교하셨는가? (42-45)

예수님은 영광의 자리에 좌, 우편이 어떤 자리인지도 모르면서 그 자리를 탐하는 두 제자의 영적 어리석음을 질타하셨다. 그리고 메시야 왕국에서의 영화를 얻는 방법은 권좌에 앉는 것에 있지 않고 도리어 고난과 죽음을 통해 권력을 포기하는데 있다는 사실을 '잔' 과 '세례' 라는 말로 설명하시고 그 영광을 부여하는 주권은 오직 하나님께만 있음을 강조하셨다.

4 야고보 형제처럼 더 높아지고자 하는 세상적인 생각들이 교회 안에서 표출되는 예들을 짚어보라.

이제까지 당신이 교회나 주위에서 접했던 인상 깊은 겸손의 본이 있다면 말해보라.

____

예수님은, 만왕의 왕께서 우리의 죄를 위해 돌아가셨을 뿐만 아니라 제자들의 발까지 씻기셨다. 겸손의 온전한 모본은 예수 그리스도이시다(빌 2:5-8).

1 우리를 향한 하나님의 요구

(잠언 27:2) _______________________________
(롬 12:3) _______________________________
(벧전 5:5) _______________________________

* **항상 겸손 하라**　**a 대상**_ 누구에게든지　**b 시기**_ 언제든지　**c 장소**_ 어디서든지

2 겸손한 자를 위한 보상

(시 25:9) _______________________________
(잠언 29:23) _______________________________
(약 4:10) _______________________________

3 내가 겸손하게 되어야 할 부분을 구체적으로 말해보라. 그리고 이것을 십자가 앞에 내려놓고 대책을 세우는 일을 서로 도우라.

____

4 빈 ( )채우기

" 아무 일에든지 다툼이나 허영으로 하지 말고 오직 (   )한 마음으로 각각 자기
보다 남을 낮게 여기고 각각 자기 일을 돌아볼 뿐더러 또한 각각 (   )사람들의
일을 돌아보아 나의 기쁨을 충만케 하라" (빌 2:3-4)

"그래. 마귀가 예수님에게 높은 곳으로 데려가 보여주려고 한 것은 시끄럽고 화려
한 이세상의 겉모습이야. 그래서 높은 곳으로 데려가 그것도 '잠깐 사이에' 세상을
보여 주었지. 너희들 혹시 성형수술이라는 거 아니? 그런 수술을 왜 할까? 예쁘게
보이려고. 본디 예쁘게 생긴 사람은 그런 수술을 하지 않겠지? 그러니까 속으로 자
신 없는 사람일수록 겉을 요란하게 꾸미는 거야. 세상도 마찬가지란다. 실속이 있
는 알찬 거리는 별로 꾸밈이 없지만, 허영을 사고 파는 거리일수록 겉을 야단스레
꾸미게 마련이란다. 왜 겉을 꾸밀까? 겉모습 밖에는 볼 줄 모르는 어리석은 인간들
을 속이려는 것 아니겠니?"_이현주

***기도**

- -

***과제**

금주 중 만나는 모든 사람에게 '3초 먼저 인사하기.'

▶▶ 겸손한 사람 20계명

1 어린 사람도 존경하도록 노력하는 사람

2 나보다 약한 지위의 사람들을 배려하는 사람

3 믿지 않은 자라고 경시하지 않는 사람

4 잠깐 함께 하는 이웃에게 기쁨을 선사하는 사람

5 말씀이 항상 생각나도록 나를 관리하는 사람

6 미운 마음 생길 때 십자가의 주님 생각하는 사람

7 감정을 버리고 주 안에서 이성을 찾도록 항상 조심하는 사람

8 약한 자들이 나로 인해 소외되지 않도록 챙기는 사람

9 어느 장소에서든지 항상 전도하는 분위기를 만들어 가는 사람

10 나의 자랑을 감추고 타인의 기쁨을 발견하고 기뻐하는 사람

11 교회의 모임에 가능한 모두 참석토록 노력하는 사람

12 모른다고 냉정하지 않고, 안다는 사유로만 친절하지 않고 모두 사랑하는 사람

13 나의 욕심대로가 아닌 주님 뜻에 가깝도록 노력하는 생활 계획

14 설교는 "나에게 주시는 주님의 말씀이다" 라고 생각하는 사람

15 작은 일이라도 타인을 사랑하기 위해 손해 보는 사람

16 실례가 도리어 감사가 될 수 있도록 이웃에게 빚진 자로 사는 사람

17 늘 접하는 동네 가게 분들도 우리의 사랑의 대상이라고 생각하는 사람

18 나를 좋아하지 않는 자 위하여 더 많이 기도하는 사람

19 자신은 겸손한 사람이라고 자만하지 않고 더욱 노력하는 사람

20 성령님의 인도함을 받아 끝까지 순종하는 사람

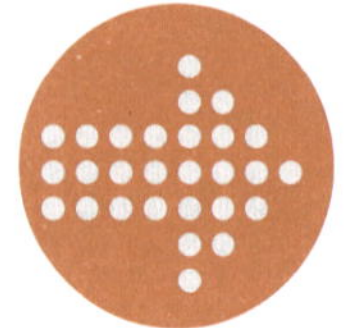

*12 유혹

여는 시간

차와 나눔

" 주님 안의 喜怒哀樂 "

찬양 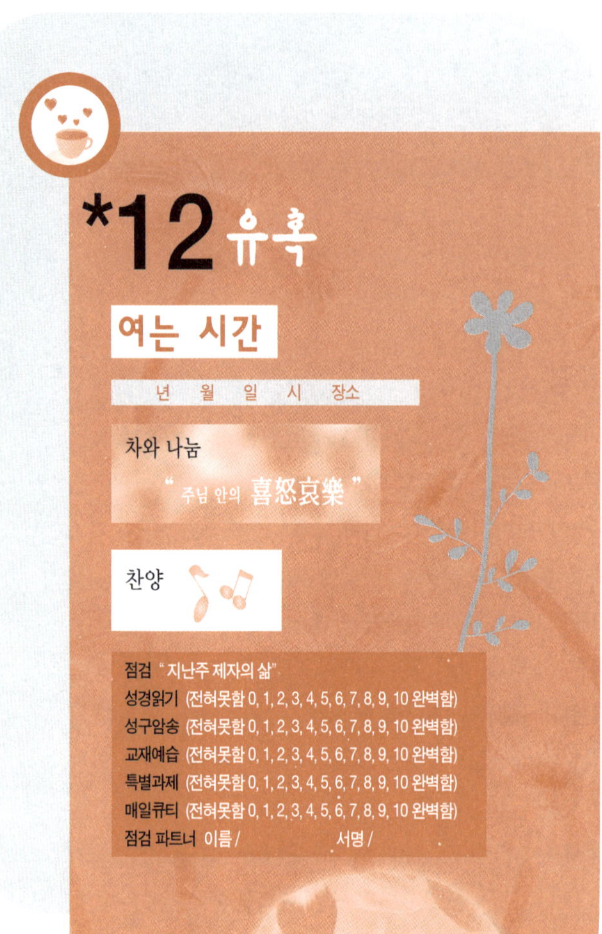

점검 " 지난주 제자의 삶"
성경읽기 (전혀못함 0, 1, 2, 3, 4, 5, 6, 7, 8, 9, 10 완벽함)
성구암송 (전혀못함 0, 1, 2, 3, 4, 5, 6, 7, 8, 9, 10 완벽함)
교재예습 (전혀못함 0, 1, 2, 3, 4, 5, 6, 7, 8, 9, 10 완벽함)
특별과제 (전혀못함 0, 1, 2, 3, 4, 5, 6, 7, 8, 9, 10 완벽함)
매일큐티 (전혀못함 0, 1, 2, 3, 4, 5, 6, 7, 8, 9, 10 완벽함)
점검 파트너 이름 / 　　　　서명 /

큐 티 나눔

태신자를 위한 한 주간의 점검

태신자를 위한 점검

전화 ○ × **기도** ○ × **편지** ○ × **방문** ○ ×

전도를 위한 선행

'미국의 황야지대에는 무서운 독을 가지고 있는 방울뱀이 산다. 이 방울뱀이 다람쥐를 잡는 방법은 특이하다. 먼저 꼬리를 흔들어서 소리를 낸다. 이때 나무 위에 있던 다람쥐가 그 소리를 듣고 호기심이 발동하여 소리나는 곳을 내려다본다. 그 순간 다람쥐의 눈과 독사의 눈빛이 마주치게 된다. 다람쥐가 겁을 먹고 떨고 있을 때 독사는 입을 쩍 벌리고 기다린다. 떨던 다람쥐는 비실비실 중심을 잃고 나무 아래로 떨어진다. 이때 독사는 다람쥐를 한 입에 꿀꺽 삼켜버린다.'

이 이야기에 대한 느낌을 말해보라.

요한일서 2:15-17

모든 시험이 하나님으로부터 오는 것은 아니다. 사단으로부터 오는 시험(Temptation:범죄케 하기 위한 '유혹' 을 의미)은 주로 세상을 이용하여 다가오거나 우리의 육신을 통로로 사용한다.

1 '하나님이 나를 시험하시는가 봐' 라고 쉽게 말하는 이의 문제는? (약1:13)

2 성경에서 말하는 세상이란 단순히 이 지구를 가리키는 용어는 아니다. 사단의 역사가 종말까지 허용되는 곳이다. 요일2:15의 경고는?

3 2:16을 에덴동산의 상황(창3:6)과 연결해보라.

육신의 정욕 _______________________________________
안목의 정욕 _______________________________________
이생의 자랑 _______________________________________

여기서 아담과 하와는 실패했고 이로 인해 죄가 세상에 들어오게 되었다. 그러나 '마지막 아담' 인 예수 그리스도는 광야에서의 시험을 어떻게 했는가? 그 승리의 도구는? (마4:4,11)

____

4 많은 경우 '세상' 은 사단의 유혹이 오는 통로라고도 생각할 수 있다. 데마는 어떤 사람이었는가? 그가 돌아간 이유는? (딤후4:10)

____

롬12:1의 경고는?

____

우리도 세상에서 오는 평안, 쾌락, 재리를 끊어버리지 않으면 그와 같이 신앙을 잃어버리게 된다. 그러므로 우리는 세상과의 싸움을 계속해야 한다. 그리고 세상의 유혹을 이겨야 한다. 그러면 어떻게 세상과 싸워 이길 수가 있는가 ?

____

'불은 강철을 시험하고, 유혹은 바른 인간을 시험한다' _토마스 아 켐피스

5 약1:14, 15절을 채우라

오직 각 사람이 시험을 받는 것은 자기 (   )에 끌려 미혹됨이니 (   )이 잉태한즉 죄를 낳고 죄가 장성한즉 사망을 낳느니라

여기서 '욕심' 이란 인간의 마음속에 일어나는 범죄하려는 충동을 가리킨다. 이것은 주로 사람의 내부에 있는 욕심(성욕, 물욕, 권세욕)을 충동하여 하나님께 범죄케 함으로써 하나님으로부터 분리시켜 공포와 고통을 갖다 주어 나중에는 사망에 이르게 하는 악질적이며, 파괴적인 것이다.

독일의 신학자 F.B. Meyer는 이렇게 요약했다 "하나님은 우리를 오르게 하기 위해 시험하시지만(test), 사탄은 우리를 내려가게 하기 위해 시험한다(tempt)."

1 고전 10:13을 읽고, 그림을 설명해보라.

죄의 길 *나의 뜻(My will)* ⟷ 유혹 ⟷ **Ⅰ** 유혹의 현장 ⟶ **하나님의 뜻(God's Will)** *바른 길(피할 길)*

____

____

____

2 다음 성구에 나타난 시험(유혹)을 이기는 방법들을 말해보라.

(시119:11) ______________________________________

(마26:41) ______________________________________

(고전6:18) _____________________________________

(딤전6:10) _____________________________________

3 서양 속담에 이런 말이 있다. 사탄은 사람을 유혹할 때 대개 네 종류의 말로써 시작한다는 것이다.

1 누구나 다하는 일이니까
2 대수롭지 않은 일이니까
3 나는 아직 젊으니까
4 이번 한번뿐이니까

이에 대한 생각을 나누어보자.

"아니오"라고 말하는 것을 배우지 못한 사람은 죽는 순간까지 비겁하고 나약하게 살아갈 수 밖에 없다. 이런 사람으로부터 어떤 고난과 유혹에도 굴하지 않고 오직 하나님의 길만을 가겠다는 결심을 받아낼 수는 없다. 생각 속에 스쳐가는 유혹은 한 번의 다짐으로 고개를 흔들며 떨어버릴 수 있지만, 그것을 마음에 품으면 점점 떼어 내기 어려워진다. 그리고 그것이 행동으로 나타나면 범죄가 이루어지게 되고 그로 인하여 마음은 더욱 어두워져서 죄의 지배를 받게 된다.

***기도**

***과제**

요즘 사람들이 많이 보는 TV 드라마 하나를 선정하여 그 내용의 문제점을 연구해보라.

▶▶ 자기발견을 위한 비결 열가지

1 남과 경쟁하지 말고 자기자신과 경쟁하라.

2 자기자신을 깔보지 말고 격려하라.

3 당신에게는 장점과 단점이 있음을 알라.

(단점은 인정하고 고쳐나가라)

4 과거의 잘못은 관대히 용서하라.

5 자신의 외모, 가정, 성격등을 포용하도록 노력하라.

(그것을 탓하거나 구실로 삼지마라.)

6 자신을 끊임없이 개선시키라.

7 당신은 지금 매우 중대한 어떤 계획에 참여하고 있다고 생각하라.

(그 책임의식은 당신을 변화시킨다.)

8 당신은 꼭 성공한다고 믿으라.

9 끊임없이 정직하라.

10 주위에 내 도움이 필요한 이들을 돕도록 하라.

(자신의 중요성을 다시 느끼게 될것이다.)

*13 고난

여는 시간

년 월 일 시 장소

차와 나눔

" 주님 안의 喜怒哀樂 "

찬양 

점검 " 지난주 제자의 삶"
성경읽기 (전혀못함 0, 1, 2, 3, 4, 5, 6, 7, 8, 9, 10 완벽함)
성구암송 (전혀못함 0, 1, 2, 3, 4, 5, 6, 7, 8, 9, 10 완벽함)
교재예습 (전혀못함 0, 1, 2, 3, 4, 5, 6, 7, 8, 9, 10 완벽함)
특별과제 (전혀못함 0, 1, 2, 3, 4, 5, 6, 7, 8, 9, 10 완벽함)
매일큐티 (전혀못함 0, 1, 2, 3, 4, 5, 6, 7, 8, 9, 10 완벽함)
점검 파트너 이름 /   서명 /

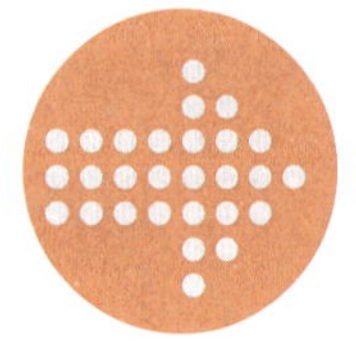

태신자를 위한 한 주간의 점검

태신자를 위한 점검

전화 O X **기도** O X **편지** O X **방문** O X

전도를 위한 선행

최근에 당신이 겪은 어려움은 어떤 것이었나?

야고보서 1:2-5

인류는 땅에서 나와 환경의 지배 속에 살도록 창조되었기 때문에 누구나 수고의 땀과 역경의 고난을 겪어야 한다. 그것은 에덴 동산에서 죄로 인하여 쫓겨난 후 죄 가운데 살고 있기 때문이다. 그러나 신자들이 당하는 고난은 무의미한 것이 없다. 시험을 면제 받은 학생이 없듯이 시험을 피해갈 신자는 없다. 고난, 혹은 역경이라는 시험은 그 기원으로 따지면 두 가지가 있다. 하나님 혹은 사단이다.

1 2절에 따르면 시험을 만나는 우리의 자세는 어떠해야 하는가?

____

왜 그러해야 하는가? (3)

____

2 인내가 가져다주는 유익은 무엇인가?

____

당신의 인생에 있어서 가장 인내하기 어려웠을 때가 언제였는가?

____

인내하기 위해서는 나는 무엇을 포기해야 하는가?

____

3 이 시험은 바로 '하나님으로부터 오는 시험(Trial/시련, 고난을 의미)' 이다. 이 시험의 궁극적인 목적은 무엇인가? (약1:12)

---

4 이 시험을 어떻게 대처해야 하는가? (5)

특히 하나님으로부터 오는 고난을 '징계' 라 부르기도 한다. '징계는 불순종하는 자녀들에게 임하는 다소 심각한 하나님의 교육 방편이고, 가지치기는 더 순종하도록 자녀들을 다루시는 사소한 고통의 허용으로 나타난다' _**부르스 윌킨슨**

악한 사단은 우리를 유혹(Temptations)한다. 이 세상의 분위기와 우리 속에 있는 옛 사람의 악한 욕망이 바로 사단의 충실한 일꾼이다. 따라서 하나님은 이러한 악한 세력들을 이기도록 자녀들을 훈련시키신다. 강하게 만들기 위하여 시련을 주신다.

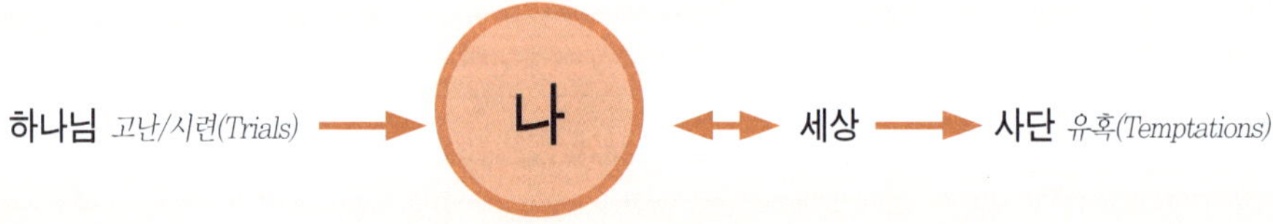

1 시련(Trials)은 일종의 훈련이며, 그리스도인들의 성숙을 돕는 가장 효과적인 방법이다.

그러므로 시련 중에 있을 때 조심해야 할 것은?

---

1 '나만이 이 일을 당한다' 는 생각. 성경속의 고난의 사람들에 대해 말해보라.
(창31:42)

____

(고전10:13을 쉬운 말로 써보라)

____

2 고통 중에 다른 이를 쉬 재단하는 일. 욥의 세친구의 오류는 무엇인가? (욥42:10)

____

2 그러면 하나님이 이 시험, 즉 고난을 주시는 목적은?

1 요11:4 하나님의 일을 나타내며 _________을 받으시기 위하여
2 히12:8 성도의 범죄, 자만, 나태등을 _________하시기 위하여

세상에는 설명되지 않는 고난들이 많이 있다. 그러나 하나님 앞에서 이유 없는 고난이란 결코 없다. 특별히 신자들에게 다가오는 고난은 하나님의 섭리 때문이다. 고난이 무조건 징계이거나 심판일 수 없다는 것이다.

바울이나 베드로는 복음 전하다 고난을 받고 사형당했다. 고난이 곧 심판이라는 입장에서 본다면 바울과 베드로, 야고보는 가장 무서운 형을 받은 사람들이다. 그러나 결코 그렇지 않다. 하나님은 분명한 목적과 이유를 가지고 신자들에게 고난을 허락하신다.

3 시험을 당할 때 성도가 할 일은 무엇인가?

1 죄로 인한 시험일 때 (계3:19) _____________________
2 무기력증에 빠질 때 (시50:15) _____________________
3 고난이 길어질 때 (약5:11) _______________________

4 결국 훈련(Training)은 우리를 강하게 하고 그리스도를 닮은 사람으로 만들어 간다.

(욥기23:10)

미래를 아시는 하나님은 정금같은 모습으로 우리를 바꾸기 위하여 오늘도 시련을 주신다. "난관이 오는 것은 우리의 신앙을 연단하려는 까닭이며, 기도응답을 더욱 맛있게 하려는 까닭이다. 환난 때 위축되지 말라. 그때가 시련의 때니 신앙은 시련으로 연단된다. 환란은 정금을 제련하는 용광로와 같다." _죠지 뮬러

다음 시를 감상하자.

저게 저절로 붉어질 리는 없다/저 안에 태풍 몇 개, 저 안에 천둥 몇 개/ 저 안에 번개 몇 개가 들어서서 붉게 익히는 것일 게다/저게 저 혼자 둥글어질 리는 없다/저 안에 무서리 내린 몇 밤, 저 안에 땡볕 한 달/저 안에 초승달 몇 날이 들어서서 둥글게 만드는 것일 게다/ 대추나무야, 너는 세상과 통하였구나!

_장석주의 《달과 물안개》 중에서

***기도**

***과제**

금주 중, 주위에 고난 중에 있는＿＿＿를 만나서 같이 시간을 보내기

고난에 대처하는 7가지 방법

1 고난당하신 그리스도를 먼저 생각하라. 나의 고난을 그리스도의 고난 과 비교하라. 내가 고난당하는 것은 당연하지 않은가?

2 그리스도의 능력을 생각하라.

3 그리스도의 임재를 깊이 생각하라. 주 앞에서는 흑암이 숨지 못하며 밤이 낮과 같이 비취나니 주에게는 흑암과 빛이 일반이니이다. (시 139:12)

4 그리스도께서 참으신 것을 깊이 생각하라. 정녕히 네 장래가 있겠고 네 소망이 끊어지지 아니하리라(잠 23:18).

5 그리스도의 기도를 생각하라. 기도를 중단하지 않으시는 그리스도….

6 그리스도의 목적이 무엇인지를 깊이 생각하라.

7 겸손을 위해서 고난 가운데 있을 때 겸손하라.

> **1** 죄가 무엇인지를 가르쳐 주시기 위해
> **2** 하나님의 얼굴의 도우심을 즉각적으로 구하게 하시기 위해
> **3** 하나님의 백성은 종과 같다. 종은 제게 칠수록 좋은 소리가 난다. 힘들고 어려울수록 하나님의 백성은 성숙된다. **_존 번연**
> **4** 그리스도를 위하여 승리하는 삶을 살게 하기 위해서

7 고난의 마지막을 생각하라. 우리의 잠시 받는 환난의 경한 것이 지극히 크 고 영원한 영광의 중한 것을 우리에게 이루게 함이니 (고전 4:17)

_Rev. Joel R. Beeke

*14 교제

여는 시간

년 월 일 시 장소

차와 나눔

" 주님 안의 **喜怒哀樂** "

찬양

점검 " 지난주 제자의 삶"
성경읽기 (전혀못함 0, 1, 2, 3, 4, 5, 6, 7, 8, 9, 10 완벽함)
성구암송 (전혀못함 0, 1, 2, 3, 4, 5, 6, 7, 8, 9, 10 완벽함)
교재예습 (전혀못함 0, 1, 2, 3, 4, 5, 6, 7, 8, 9, 10 완벽함)
특별과제 (전혀못함 0, 1, 2, 3, 4, 5, 6, 7, 8, 9, 10 완벽함)
매일큐티 (전혀못함 0, 1, 2, 3, 4, 5, 6, 7, 8, 9, 10 완벽함)
점검 파트너 이름 /   서명 /

큐티 나눔

태신자를 위한 한 주간의 점검

태신자를 위한 점검
전화 O X **기도** O X **편지** O X **방문** O X

전도를 위한 선행

당신이 '친구야 반갑다'의 프로에 나간다면, 꼭 만나고 싶은 친구는?

히브리서 3:12-13, 10:24-25

'코이노니아' 라는 헬라어의 단어는 교제, 사귐, 친교, 협력, 참여, 등의 다양한 의미를 가지고 있다. 그리스도인의 참된 교제는 그리스도의 사랑이 나타남으로 교회가 성장되는 중요한 요소가 된다.

1 그리스도인들이 서로 교제해야 할 이유는 무엇인가? (엡 4: 3)

____

2 제자의 삶은 혼자 힘으로는 불가능하다. 그것은 신앙의 공동체 안에서 이루어진다. 그러면 성숙한 인품을 지닌 사람들의 건강한 공동체를 만들기 위해서 우리는 어떻게 친밀한 사랑을 이루어갈 수 있는가? 우리가 서로를 대하는 태도와 자세에 대해 어떤 지침을 주고 있는가?

(히 3:12-13) ______________________________________

(10:24-25) ______________________________________

3 '서로를 권하는' 목적은 무엇인가? (10:25)

'생각하라' 는 '관찰하다, 연구하다' 는 뜻이며, '격려하다' 는 말은 '행동을 하도록 박차를 가하다' 라는 뜻이다. 당신의 주변에는 그렇게 생각하거나 행동하도록 격려해주는 이가 있는가?

우리가 다른 사람을 돌아보거나 격려하지 못하는 이유에는 어떤 것들이 잇는가?

좋은 토양에서 식물이 튼튼히 자라는 것처럼, 건강한 성도들의 공동체라는 토양에서 우리는 영적으로 튼튼하게 자랄 수 있다.

당신은 어려움을 해결하려고 할 때 다른 성도들을 찾는 편인가? 아니면 혼자 해결하려는 편인가?

사단은 여러 가지 이유를 동원하여 우리가 공동체에 참여하는 것을 막는다.

4 종종 성도간의 교제가 역할의 충돌로 금이 가는 경우가 있다. 모세가 장인의 조언을 듣고 행한 일은? (출18:24-26)

공동체 안에서 같이 일하며, 당신이 해야 할 일과 하지 말아야 할 일에 대해 여기서 배우는 교훈은?

1 교회의 하나됨을 보호하는 것이 우리의 일이다. 하나님은 우리가 서로 하나됨과 조화를 경험하기를 원하신다. 하나됨은 우리가 하나님의 교회에서 삶을 함께 경험하기를 바라시는 하나님의 방법이며 본질이고 핵심이다. 하나 되기 위해서는?

1 서로의 차이보다는 공유하는 것에 초점을 맞춰야 한다(롬 10:12, 12:4-5).

2 현실적인 기대를 해야 한다. 때로 우리는 공동체에서 너무나 큰 기대를 한다. 그래서 교회는 언제나 사랑이 풍성해야 하고, 언제나 기도가 넘쳐야 하고, 언제나 나를 믿음으로 이끌어야 하고, 언제나 나에게 호의를 베풀어야 한다고 생각한다. 그러나 세상에 완벽한 교회는 없다.

3 비판하기보다는 격려해야 한다. 하나님은 서로를 비판하거나 비교하거나 판단하지 말라고 계속해서 경고하신다(엡 4:29, 약 5:9).

4 험담을 귀담아 듣지 말아야 한다. 우리가 교회를 보호하기 원한다면 험담을 귀담아 들어서도 안 된다. 험담에 귀 기울이는 것은 훔친 물건을 받는 것과 같다(잠 20:19).

위 네 가지 중 특히 당신에게 필요한 것은? 그 이유는?

____

2 칭찬보다 비판이 쉬운 이유는 무엇일까? 칭찬의 위력에 대해 말해보라.

____

3 빈( ) 채우기

" 새 계명을 너희에게 주노니 서로 (   )하라 내가 너희를 사랑한 것 같이 너희도 서로 (   )하라 너희가 서로 사랑하면 이로써 모든 사람이 너희가 내 제자인 줄 알리라(요 13:34-35)

죄에 대해서 각성하고, 잃어버린 하나님과의 관계에 대한 그리움으로 마음이 가난해지면, 신자는 은혜 받은 성도들과의 아름다운 교제를 통해 자신의 영혼의 벌거벗음과 곤고함을 인하여 아파하고 그들과의 교제 속에서 은총의 부스러기라도 얻고자하는 갈망을 갖게된다.

그리스도인들이 교제의 기쁨을 나누게 되면 주님의 뜻에 순종해 빛 가운데 행하게 되며(요일1:7), 함께 고난 받는 것과(빌:10), 함께 섬기는 삶을 살게 된다(골4:7). 이들은 서로 위로하는 것을 배우게 되며(살전4:18), 기도 제목을 서로 나누게 된다(살전5:25). 또 주님을 아는 지식이 자라나고 서로 받은 은혜를 나누는 생활을 하게 된다.

*기도

---

*과제

관계가 소원한 이를 떠올리고 다시 회복을 위해 뭔가를 실천하라.

▶▶ 기분 좋은 첫 만남 6원리

1 먼저 밝게 인사한다. 밝은 인사는 모든 사람을 안심시킨다.

2 상대방을 잘 관찰하고, 접근 방법을 파악한다.

3 상대방이 공감하는 화재를 찾기 위해 은근히 떠본다.

4 되도록 상대방이 쉽게 대답할 수 있는 얘깃거리를 제공한다.

5 상대방의 취미나 자랑하고 싶은 것에 주목한다.

6 상대방에게 피해가 될 것 같은 생각이 들면 무리하게 말을 걸지 않는다.

- 플라톤의 글 중에서

▶▶ 대인관계 십계명

1 내 일에 마음을 쏟고 남은 1일에는 수근거리지 않는다.

2 남에 대해서 좋지 못한 감정을 마음에 담아놓지 않는다.

3 항상 웃음을 보인다.

4 남에 대해서는 절대 관용, 나에 대해서는 절대 엄격

5 내 의견만 내세우지 않는다.

6 정당하게 산다.

7 성급한 성격을 죽인다. 이웃을 용서하고, 사죄를 하나님께 간구한다.

8 아침마다 확신으로 용기있게 생활을 시작한다.

9 가치있는 명분을 위해서는 과감하게 행동한다.

10 자랑하지 않고 기도에 힘쓴다.

*15 소그룹 공동체

여는 시간

년 월 일 시 장소

차와 나눔

" 주님 안의 **喜怒哀樂** "

찬양 

점검 " 지난주 제자의 삶"
성경읽기 (전혀못함 0, 1, 2, 3, 4, 5, 6, 7, 8, 9, 10 완벽함)
성구암송 (전혀못함 0, 1, 2, 3, 4, 5, 6, 7, 8, 9, 10 완벽함)
교재예습 (전혀못함 0, 1, 2, 3, 4, 5, 6, 7, 8, 9, 10 완벽함)
특별과제 (전혀못함 0, 1, 2, 3, 4, 5, 6, 7, 8, 9, 10 완벽함)
매일큐티 (전혀못함 0, 1, 2, 3, 4, 5, 6, 7, 8, 9, 10 완벽함)
점검 파트너 이름 /   서명 /

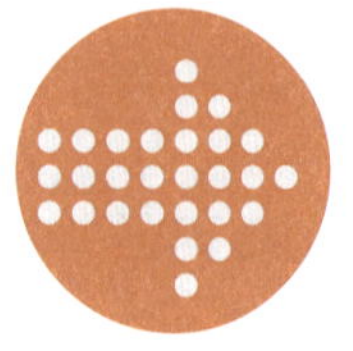

큐티나눔

태신자를 위한 한 주간의 점검

태신자를 위한 점검

전화 O X **기도** O X 편지 O X 방문 O X

전도를 위한 선행

당신이 아는 우리 교회 안의 소그룹은 어떤 것들이 있는가?

마가복음 3:13-19

1 예수님은 공생애 동안 수많은 청중을 만나기도 했고 그들에게 설교하시기도 하셨지만 그는 항상 소수의 무리들과 함께 사셨고 특히 그들과 함께 사역을 하셨다. 동고동락하신 그들의 숫자는?

____

2 교회의 원형은 예수님이다. 제자는 소그룹 공동체의 원형이다. 그들을 부르신 목적을 둘로 나눈다면? (14,15)

____

16-19절에서 제자들의 이름을 써보라. 그 구성원들의 출신성분의 다양함을 볼 수 있는가?

____

3 사도행전의 교회는 120명으로부터 시작된다. 그 공동체의 리더는 베드로였고 그 중심에는 사도들이 있었다. 이들은 곧 10배로 늘어났지만 예수님의 공동체의 패턴을 그대로 유지하고 있었다. 그 이유는, 그 공동체는 성령의 감동을 받고 능력을 얻은 공동체요, 성령님에 의하여 이끌림을 받는 공동체였기 때문이다(행2:42-47).

소그룹은 작지만 강한 교회라고 할 수 있다. 가정을 중심으로 한 소그룹 공동체는 초대교회 신자들의 존재양식이었다. 그들 모임에는 전인적 돌봄, 즉 양육, 봉사, 교제, 전도 등이 나타났다. 소그룹을 통해 다른 사람을 섬기는 것이 왜 나 자신을 살리는 길이 될까?

---

4 교회는 기능상으로 하나님의 (   )이고(딤전3:15), 교회의 지체들은 본질적으로 하나님의 가족인 것이다(엡2:19). 소그룹은 크지만 작은 교회를 가능케 한다.

당신은 최근 소그룹의 필요성을 강하게 느낀 적이 있는가?

1 소그룹의 지향 가치

1 **관계형성**_ 전통적인 관계들이 파괴되거나 변질되는 이 시대의 현대인들은 소속감과 안정감을 잃고 있다.

2 **치유**_ 친밀한 소그룹 활동은 우울증예방과 치유를 위한 최선의 대안이다.

3 **섬김**_ 개인주의적 삶이 확산되는 현대에 예수님의 가르침을 실천한다.

4 **재생산**_ 한 영혼의 가치가 보이는 소그룹은 전도의 생명력 넘치는 재생산이 가능하다.

위 네 가지 중에서 가장 당신이 가장 중요하다고 느끼는 것은?

예수님은 12제자를 전도하고 양육하시는 원형적 모범을 보이셨다. 급증하는 지구촌 복음화의 가장 탁월한 대안은 교회가 소그룹을 배가하는 길이다.

2 자기 점검 '당신의 교제의 질은?'

1 **서로 사랑하라** (요13:34–35)　　　　(0 - 1 - 2 - 5 - 7 - 9 -10)

2 **서로 종노릇하라** (갈5:13–15)　　　　(0 - 1 - 2 - 5 - 7 - 9 -10)

3 **서로 기도하라** (약5:13–18)　　　　(0 - 1 - 2 - 5 - 7 - 9 -10)

4 **서로 짐을 지라** (갈6:1–5)　　　　(0 - 1 - 2 - 5 - 7 - 9 -10)

5 **서로 하나됨을 지키라** (엡4:1–6)　　　　(0 - 1 - 2 - 5 - 7 - 9 -10)

정직하게 자신의 점수를 매겨보자. 당신의 강점과 약점은?

*전체를 합산하고 옆 사람과 대화를 나누어보라.

3 늘어나는 구경꾼과 줄어드는 일꾼이 교회의 현실이라면, 성경은 모든 성도들을 사역자라고 가르친다(벧전2:9). 소그룹은 모든 평신도의 (　　　　)가 활용되는 장이 될 수 있다. 초대 교회는 실제로 집에서 교회로 모였다.
빌레몬의 집에서 모인 골로새 교회 지체들은 누구인가? (몬1:1–2)

**이들의 호칭을 주목하라. _________인 빌레몬, 함께 _________된 아킵보
(외에 행12:12, 고전16:19, 골4:15등을 참조)**

4 당신이 소그룹의 리더라면, 모임 인도 시 주의 사항!

정시에 시작해서 정시에 끝냄 / 생동하는 소그룹이 되도록 사전에 철저히 준비 / 시종일관 애정이 넘치는 분위기를 조성 / 소그룹에 처음 참석하는 이들이 중심이 되는 분위기를 조성. 그리고?

5 빈 ( ) 채우기

"내 아들아 그러므로 네가 그리스도 예수 안에 있는 은혜 속에서 강하고 또 네가 많은 증인 앞에서 내게 들은 바를 (   )된 사람들에게 부탁하라 저희가 또 (   )사람들을 가르칠 수 있으리라" (딤후 2:1-2)

삼각형이 가장 안정적 구도라 한다. 그래서 세 꼭지점으로 받쳐진 가구가 가장 안정적이다. 우리의 신앙은 공예배와 개인경건의 삶 그리고 소그룹 교제로 세 꼭지점을 형성한다. 보통 공예배의 가치나 개인 큐티의 가치에는 익숙하다. 그러면서도 성도의 진정한 만남이 있는 소그룹에 대해서는 소홀한 경향이 있다. 우리가 지향하는 소그룹은 바로 작은 교회이다.

제자의 삶 서약

나는 그리스도의 제자로서 나를 부르신 그 소명에 따라 이 땅을 사는 동안 사명의 삶을 살기로 약속하오니, 나는 주님의 교회에서의 소그룹의 가치를 엄숙하게 인정하며, 평생 동안 나 자신의 신앙과 섬김을 위해 성도들의 소그룹에 반드시 참여할 것입니다. 나아가 교회에서 임명이 되면 소그룹의 리더로 봉사할 것을 약속합니다.

_________ 년 _____ 월 _____ 일

위 본인	이름	서명
동료 증인	이름	서명
지도자 확인	이름	서명

***기도**

***과제**

▶▶ 남을 위한 열 가지 배려

1 명령하는 듯한 말을 쓰지 말라.

반항을 일으키는 불씨다.

2 비판보다 칭찬 거리를 먼저 찾으라.

칭찬해서 싫어할 사람은 없다.

3 상대에게 호의를 베푸는 연습을 시작하라.

좋아하려고 노력하고 좋아지도록 연습해야 한다.

4 그의 반항을 존중하라.

반항은 단지 존재 가치를 느끼고 싶기 때문임을 알라.

5 싸우지 말라.

말이나 행동에 의한 적대 감정을 피하라. 윽박질러 놓으면 결과는 손해다.

6 상대방이 틀렸다고 마구 꾸짖지 말라.

틀리고, 나쁜점을 증명해 보라, 잇점은 없다.

7 큰소리가 "NO"라는 뜻이 아님을 알라.

80%는 반항함으로 잊고 만다.

8 "나는 당신이 지금 어떤 기분인지를 압니다"라는 말을 애용하라.

놀라운 효과가 있다.

9 무언가 질문하고 그 얘기에 귀를 귀울이라.

진지하게 자기의 말을 들어주는 사람을 싫어할 사람은 없다.

10 그 상대를 위해 기도하고 용서하라.

사랑으로 감싸는 모습을 마음속으로 그리라.

*16 언어생활

여는 시간

년 월 일 시 장소

차와 나눔

" 주님 안의 喜怒哀樂 "

찬양 

점검 " 지난주 제자의 삶"
성경읽기 (전혀못함 0, 1, 2, 3, 4, 5, 6, 7, 8, 9, 10 완벽함)
성구암송 (전혀못함 0, 1, 2, 3, 4, 5, 6, 7, 8, 9, 10 완벽함)
교재예습 (전혀못함 0, 1, 2, 3, 4, 5, 6, 7, 8, 9, 10 완벽함)
특별과제 (전혀못함 0, 1, 2, 3, 4, 5, 6, 7, 8, 9, 10 완벽함)
매일큐티 (전혀못함 0, 1, 2, 3, 4, 5, 6, 7, 8, 9, 10 완벽함)
점검 파트너 이름 /   서명 /

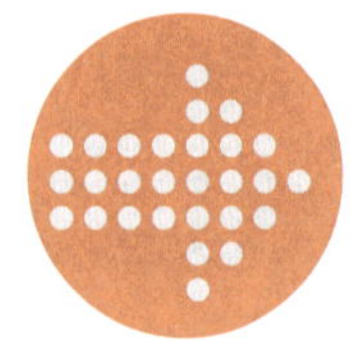

큐티나눔

태신자를 위한 한 주간의 점검

태신자를 위한 점검

전화 O X 기도 O X 편지 O X 방문 O X

전도를 위한 선행

말로 인해 '큰 일'을 만났던 기억을 찾아보라.

야고보서 3:1-12

1 창세기에서 인간은 세상을 지배하고 정복할 명령을 받았다(창1:28). 그러나 야고보는 인간이 통제할 수 없는 것을 지적하고 있다. 무엇인가?

인간이 범하는 많은 실수 중 대표적인 것은 무엇인가? (2)

2 작지만 매우 큰 영향을 미치는 세가지 예를 찾아보라.

(3)

(4)

(5)

3 3장 8절을 읽으라. 당신은 의도적으로 공격적인 말을 사용하여 다른 이에게 상처를 준 일이 있는가?

4 9-12절에서 발견하는 이중성을 말해보라.

____

5 예수께서 말씀하신 바, 입으로 나오는 것의 근원은? (마12:35)

____

1 그릇된 언어 사용들

(잠 15:2) ___________________________________

(잠 29:11) __________________________________

2 성도의 언어 사용은?

(시 35:28) __________________________________

(잠 10:19) __________________________________

(엡 4:25) ___________________________________

당신 자신의 언어생활을 생각해 보라. 내가 하나님 앞에서 고백하고 바로 잡아야
할 태도가 있는가?

____

3 대인관계와 대화

1단계_ 상투적 인사 나눔

2단계_ 정보를 나눔

3단계_ 생각을 나눔

4단계_ 감정을 나눔

5단계_ 진실과 마음을 나눔

남성은 주로 3단계의 대화를, 여성은 4단계의 대화를 나눈다고 한다.

당신의 경우는 주로 어느 단계의 대화를 하는가?

____

어떻게 더 깊은 대화를 가질 수 있을까?

____

4 빈 ( ) 채우기

"음행과 온갖 더러운 것과 탐욕은 너희 중에서 그 (   )이라도 부르지 말라 이는 성도의 마땅한 바니라 누추함과 어리석은 말이나 희롱의 말이 마땅치 아니하니 돌이켜 (   )하는 말을 하라"(엡 5:3-4)

언어생활은 다른 사람과만의 관계만은 아니다. 자신과의 관계도 있다. 역사상 성공한 사람들을 연구해 보면 그 배경에는 성공을 만들어준 말이 있다. 반대로 실패한 사람의 배후엔 언제나 실패의 언어가 있다. 말은 보이지 않지만 무한한 창조력과 힘을 가진 인생 최대의 에너지이다(잠18:21).

행복하다고 말하는 동안은
나도 정말 행복해서
마음에 맑은 샘이 흐르고…
고맙다고 말하는 동안은
고마운 마음이 새로이 솟아올라
내 마음도 더욱 순해지고…
아름답다고 말하는 동안은
나도 잠시 아름다운 사람이 되어
마음 한 자락이 환해지고…
좋은 말이 나를 키우는 걸
나는 말하면서
다시 알지…

_ 이해인

*기도

*과제

나의 말로 인해 상처를 받은 사람을 떠올려보라.
그리고 금주 중에 '어떤 방법'으로든 용서를 구하라.

▶▶ 하지 말아야 할 대화 방법 10가지

1 화가 난 상대방의 말을 감정적으로 맞받아 치지 말 것.

2 상대방도 내 생각과 같을 것이라고 속단하지 말 것.

3 사전 준비 없이 어떤 상황 돌아가는 대로 대충 말하지 말 것.

4 지나치게 스스로를 과소 평가하는 말을 쓰지 말 것.

5 상대방에게 말할 기회를 주기보다는 자기 말을 앞세우려 하지 말 것.

6 무의미한 단어를 쓸데없이 반복하지 말 것.

(ex "저기요…", "어…" ,"음…" "있잖아요…" 따위)

7 "~인 것 같다"라는 불확실한 분위기의 말을 피할 것.

8 〈6W, 1H원칙〉을 적용해서 말을 하도록 할 것.

누가 (WHO). 무엇을 (WHAT), 어디서 (WHERE), 언제 (WHEN), 왜 (WHY), 누구에게 (WHOM), 어떻게 (HOW).

9 적절한 바디 랭귀지를 활용할 것.

10 공통의 화제나 관심사를 빨리 찾아내어 대화를 부드럽게 진행 해 나갈 것.

*17 중보기도

여는 시간

년 월 일 시 장소

차와 나눔

" 주님 안의 喜怒哀樂 "

찬양 

점검 " 지난주 제자의 삶"
성경읽기 (전혀못함 0, 1, 2, 3, 4, 5, 6, 7, 8, 9, 10 완벽함)
성구암송 (전혀못함 0, 1, 2, 3, 4, 5, 6, 7, 8, 9, 10 완벽함)
교재예습 (전혀못함 0, 1, 2, 3, 4, 5, 6, 7, 8, 9, 10 완벽함)
특별과제 (전혀못함 0, 1, 2, 3, 4, 5, 6, 7, 8, 9, 10 완벽함)
매일큐티 (전혀못함 0, 1, 2, 3, 4, 5, 6, 7, 8, 9, 10 완벽함)
점검 파트너 이름 /   서명 /

큐티나눔

태신자를 위한 한 주간의 점검

태신자를 위한 점검

전화 O X **기도** O X **편지** O X **방문** O X

전도를 위한 선행

당신은 누군가의 기도 지원을 받고 있다고 느끼는가?

야고보서 5:13-18

본문은 야고보서 서신의 끝맺는 부분이다. 성도들 간에 서로 돕는 교제의 삶을 권하고 있다. 이 도움은 영적인 것과 육적인 도움을 함께 포함하고 있다.

1 야고보는 우리가 겪는 범사를 두 가지 부류로 나눈다. 그것은 무엇인가? (13)

2 병든 자가 마땅히 해야 할 일은 무엇인가? (14)

기름을 바르고 위하여 기도하라고 명한다. 당시 '기름' 은 보편적인 약품이었고 이것을 가지고 의사들은 상처 난 부위에 바르고 맛사지를 했다. 이는 기도와 함께 사람이 할 수 있는 육체적인 도움도 함께 주라는 뜻이다.

우리의 교회 공동체가 지도자와 다른 모든 이들이 더욱 마음을 합해 기도하기 위해 어떻게 해야 하는가?

3 하나님께 죄를 고백하는 것(요일1:9)과 서로에게 죄를 고백하는 것(약5:16)에는 어떤 차이가 있는가?

야고보는 함께 기도하며 죄를 고백하는 것을 강조하고 있다. 당신의 죄를 누군가에게 고백하고 함께 기도하기 위해 어떤 노력을 해야 한다고 생각하는가?

육체적인 시련이 닥쳐올 때 자신의 삶 전체를 점검하여 혹시 하나님과 사람 앞에 허물되는 일이 없었는지 살펴보는 지혜가 필요하다. 허물이 발견되면 자복하고 회개하며 합심하여 간구함으로 오히려 하나님의 은혜와 자비를 체험하는 기회로 선용하라고 촉구한다. 중생한 성도들의 믿음의 기도는 하늘 문을 여는 열쇠이기 때문이다. "엘리야는 우리와 성정이 같은 사람이로되" 라는 말씀은 누구나 엘리야와 같은 기도의 사람, 응답의 사람이 될 수 있음을 말하고 있다.

기도의 폭 넓히기

1 사도 바울은 그의 민족을 위해 무엇을 했는가? (롬10:1)

바울은 우리가 누구를 위해 기도해야 한다고 말하는가? (딤전 2:1-2)

나의 기도를, 나 자신을 위한 기도와 중보기도로 나눌 때 후자는 몇 %정도를 차지하는가?

---

2 엡 6:18에서, 우리는 기도에 대해 무엇을 배울 수 있는가? (맞는 답들 고르기)

1 정기적으로 계속적으로 기도할 것
2 모든 그리스도인을 위하여 기도할 것
3 성령 안에서 기도할 것
4 깨어서 기도할 것
5 모든 종류의 기도를 사용할 것

기도의 의욕은 남아있는 은혜에 비례한다. 상습적인 짧은 기도는 은혜의 가사상태를 몰고 온다. 마음의 깨어짐이 없는 기도생활에 만족하면 기도생활이 태만해진다. 마음의 깨어짐이 있는 기도는 자기쇄신의 작용을 한다. 자기 사랑과 예수 그리스도에 대한 사랑은 공존할 수 없다. 기도 자체가 신자를 부패로부터 보호하는 것이 아니라, 기도하는 신자와 함께하시는 성령님의 작용이 신자를 부패로부터 보호한다.

3 요즘 나의 기도 속에는 태신자가 들어있는가?

나의 기도로 예수 믿게 된 사람이 있는가?

많은 기도의 선각자들이 '기도 노트' 를 사용한다. 당신의 개인 기도제목 외에 기도목록에 포함할 수 있는 것들에는 '당신의 가족, 믿지 않는 친지 친구들, 교회 및 영적 지도자, 당신이 아는 선교사나 사역자들, 이 땅에 주의 나라가 이루어지길' 등이 있다.

기도의 동지 맺기_ ( )채우기.

'다른 사람의 곁에서 사랑을 베풀고 그들을 위해 기도할 때 우리는 주님 안에서 완전해진다. 우리 주변에는 누군가에 의해 상처받은 사람들이 많다. 하나님은 우리가 기도로 그런 사람들을 (__________)하기를 원하신다. 다른 사람과 함께 기도할 때는 자신이 느끼는 (__________)을 솔직히 털어놓을 수 있어야 한다. 기도의 동지와 정기적으로 기도할 때 놀라운 일들이 일어난다. 서로에게 거하시는 성령의 역사로 인해 기도의 능력이 배가 된다. 다른 사람과 함께 기도할 때는 합심기도를 통해 (__________)한 태도를 유지해야 한다.

자신의 문제를 정직하게 고백하며 도움을 요청하는 것은 결코 부끄러운 일이 아니다. 정직이 최선이라는 사실을 잊지 말라. 우리는 필요한 순간에 함께 기도할 수 있는 사람들을 어디서나 찾을 수 있다. 이러한 기회를 놓치지 않고 활용하는 것이 중요하다. 하나님은 우리에게 기도의 동지를 허락하신다. 주저하지 말고, 기도 동지를 보내달라고 기도하라. 그러면 뜻하지 않았던 기쁨을 누리게 될 것이다.' (예_ 위로, 두려움, 정직)

***기도**

***과제**

당신의 중보가 필요한 사람 10명의 명단을 쓰고 한 주간 동안 집중적으로 기도한 후 그 느낌을 나누어보라.

⏩ 기도의 사람들 값지고, 아름답게….

모세가 하나님과 대면한 중보자 중의 한 사람이 될 수 있었다면, 우리도 하나님께서 크게 쓰시는 인물이 될 수가 있습니다. 엘리야가 가장 탁월한 기도의 선지자로 남을 수 있었다면, 우리도 기도의 전사 부대에 들어갈 수가 있습니다. 다윗이 간음과 살인이라는 추악한 죄를 딛고 일어서서 하나님의 마음에 합한 자가 될 수 있었다면, 우리도 하나님과의 달콤한 교제 안에 있을 때 그분의 사랑을 받을 수 있습니다. 우리는 마르틴 루터처럼 하루에 제일 좋은 시간을 세 시간씩 내서 기도할 수 없을지도 모릅니다. 왜냐하면 그렇게 할 수 있는 사람은 많지 않기 때문입니다.

우리는 요한 웨슬리처럼 하루에 첫 두 시간을 기도하면서 보내기 힘들지도 모릅니다. 왜냐하면 그렇게 할 만한 사람이 많은 것은 아니기 때문입니다. 그렇다면 우리가 할 수 있는 것은 무엇입니까? 조지 워싱턴 대통령은 매일 새벽 4시에 일어나서 기도시간을 가졌다고 합니다. 그렇다면 우리도 다른 사람보다 먼저 일어나서 정해진 시간에 집중적인 기도를 드릴 수가 있을 것입니다. 교회에서 드리는 새벽 예배와 기도가 좋은 실례가 됩니다. 우리 모두가 존 낙스처럼 "오 하나님이시여, 저에게 스코틀랜드를 주시거나 아니면 저의 생명을 거두어 가주십시오" 라고 울면서 밤새도록 마룻바닥에 엎드려 기도하기는 어려울지도 모릅니다. 오늘날 눈물을 흘리며 기도하는 사람을 찾아보기란 그리 쉽지 않기 때문입니다. 그러나 적절한 중보기도 계획을 추진하면서 기도의 폭을 넓히는, 그 값지고 아름다운 생활은 모든 성도의 특권입니다.

*18 봉사하기

여는 시간

년 월 일 시 장소

차와 나눔

" 주님 안의 **喜怒哀樂** "

찬양

점검 " 지난주 제자의 삶"
성경읽기 (전혀못함 0, 1, 2, 3, 4, 5, 6, 7, 8, 9, 10 완벽함)
성구암송 (전혀못함 0, 1, 2, 3, 4, 5, 6, 7, 8, 9, 10 완벽함)
교재예습 (전혀못함 0, 1, 2, 3, 4, 5, 6, 7, 8, 9, 10 완벽함)
특별과제 (전혀못함 0, 1, 2, 3, 4, 5, 6, 7, 8, 9, 10 완벽함)
매일큐티 (전혀못함 0, 1, 2, 3, 4, 5, 6, 7, 8, 9, 10 완벽함)
점검 파트너 이름 /   서명 /

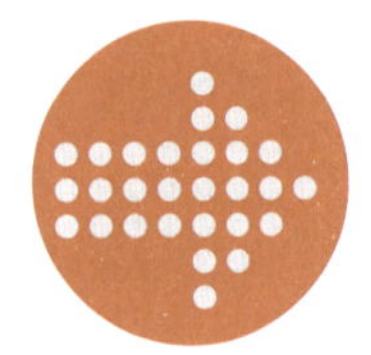

큐티나눔

태신자를 위한 한 주간의 점검

태신자를 위한 점검

전화 ○ × **기도** ○ × **편지** ○ × **방문** ○ ×

전도를 위한 선행

'오늘날 교회의 교인 20%는 중심에서 열심히 일하고 80%는 외곽의 관객이다'는 지적에 대해 느낌을 말해보라.

고린도전서 12:4-11

초기 고린도 교회는 성령의 역사가 뚜렷한 현장이었으며 많은 교인들이 각양 은사를 경험하고 있었다. 은사 카리스마(Charisma)는 성령 받은 성도에게 성령의 뜻대로 주시는 하나님의 선물(엡 4:7)로써 특정한 부분의 봉사에 있어서 효과적으로 그 기능을 발휘하는 재능이다. 성령의 열매는 신자의 인격에 관계되나, 은사는 신자의 봉사와 관계된다.

1 은사의 기원은 누구인가? (4)

때로는 은사가 타고난 재능이나 능력과 일치하기도 하지만, 그렇지 않은 경우도 있다.

2 하나님께서 은사를 주신 목적은 무엇인가? (7)

교회의 덕을 위해 하나님께서 우리에게 주신 것이다.

3 8-10절에 나오는 은사의 종류를 써보라.

은사는 수없이 많다. 로마서 12장에는 예언, 섬기는 일, 가르치는 일, 권면, 헌금, 지도력, 긍휼의 은사가 있고 에베소서 4장에는 사도, 선지자, 복음전하는 자, 목사, 교회의 은사가 있다. 이렇게 신약에 약 20여종이 보이며 은사는 그 외에 성경에 언급되지 않은 자연적인 은사들도 많다. 그런데 때때로 이상하게 은사 중에 방언, 예언, 병고침 등만이 부각되는 이유는 무엇일까?

은사는 그 사람의 영적인 성숙과 관계없이 주어지는 것이다. 신앙성장에 있어서 유아기에 있는 사람이라도 은사를 받을 수 있으며, 회심과 함께 거듭나면서 그런 은사를 경험할 수도 있다. 하지만 영적인 현상들을 경험한다고 해서 신령한 그리스도인이 되는 것은 아니다. 은사는 내면세계의 신령한 변화보다는 우리로 하여금 하나님의 일을 하는데 적합하도록 만들어주는데 더 큰 영향을 미친다.

은사와 기질

1 (시139:6)
하나님은 우리 각자가 태어날 때 각기 다른 (   )을 갖고 태어나게 하셨다.
(롬12:6)
하나님은 우리가 또한 거듭날 때 각자가 다른 (   )를 갖고 태어나게 하셨다.

당신은 교회 사역가운데 어떤 사역에 관심과 열정이 있는가?
"나의 은사는 _________ 입니다."

2 인류 역사상 가장 오래된 히포크라테스의 기질론은 인간을 4개의 기본 기질로 나누었다.

다혈질 / 점액질 / 우울질 / 담즙질

이들은 하나의 사안을 놓고 각기 그 반응하는 양식이 다르다.

연극이 만들어 진다면, 당신이 원하는 역할은?

감독, 제작자, 배우, 관객 앞에서부터 보면_ 담/ 우/ 다/ 점

당신의 기질은 무엇에 가장 가까운가? 옆의 사람은?

기질별로 우선 추구하는 것이 다르다 점_평화/ 다_행복/ 우_완벽/ 담_ 자기길/

"아! 그래서 그가 그렇게 하였구나!"

이렇게 서로를 이해하면서 일치된 팀웍을 만들어 갈수 있다.

3 은사는 효율적 봉사를 가능케 한다. 봉사는 위로 하나님께 드리는 것이지만, 옆의 동료들과 함께 만드는 것이다. 그때에 시비와 원망이 발생하는 이유는 무엇 때문인가? (벧전 4:9)

---

4 '평신도' 란 말은 어원적로 성직자와 구별되는 열등한 교회 지체가 아니다. 본래 희랍어 라오스는 '하나님의 백성' 을 의미한 것이다. 우리는 모두 평신도 사역자여야 한다. 어떤 신자는 아무것도 안하지만, 할일이 없는 신자는 한명도 없다. 우리가 일할 때 어떤 임무를 맡았든지, 지녀야 할 태도는 어떤 것인가? (4:10)

우리 교회에는 어떤 직분들이 있는가?

당신의 직분은 무엇이며 어떻게 자세가 바뀌어야 할까?

____

"성도들이, 마치 소비자의 마음가짐으로 교회에 와서 그냥 즐기고 가버리는 것으로 만족하는 태도를 가진 사람들로만 교회가 가득 차 있다면, 결코 하나님께 영광이 되지 못한다는 것을 경험했다" _빌 하이빌스

5 하나님은 충성스런 자를 향하여 어떤 축복을 준비하시는가?

(마 23: 12) ____
(계 2: 10) ____

'다른 사람을 섬기기 위해 지금 우리가 하는 일은 우리에게 보다 큰 일이 맡겨질 영원한 삶을 준비하는 것이다. 지금 우리는 의자를 정렬하거나, 주일학교에서 아이들을 가르치거나, 식당 봉사를 할 지 모른다. 하지만 먼 훗날 우리는 은하계를 움직이고 다스리며 그 가운데 하나님의 뜻을 나타내게 될 것이다.' _존 피셔

6 빈 ( ) 채우기

"우리가 선을 행하되 낙심하지 말지니(   )하지 아니하면 때가 이르매 거두리라 그러므로 우리는 기회 있는 대로 모든 이에게 착한 일을 하되 더욱 (   )의 가정들에게 할지니라" (갈 6:9-10)

제자의 삶 서약

나는 그리스도의 제자로서 나를 부르신 그 소명에 따라 이 땅을 사는 동안 사명의
삶을 살기로 약속합니다.

1 나는 교회에서 주어진 직분을 충성스럽게 감당하겠습니다.
2 나는 주장하는 자가 아니라 섬기는 자로 봉사하겠습니다.

		년 월 일
위 본인	이름	서명
동료 증인	이름	서명
지도자 확인	이름	서명

*기도

*과제
3명이상의 직분자들에게 격려를 전하기
(식사대접, 전화, 편지, 메일 등 다양한 방법)

≫ 신앙생활의 미신적 특징 10가지 (야고보서 2장 21-22절)

바른 믿음과 순종하는 마음이 없는 상태에서의 지식추구는 위험할 수 있습니다. 바로 그러한 점 때문에 신앙적인 지식추구를 하찮게 생각하는 흐름이 있습니다. 그러나 우리의 하나님을 아는 지식은 세월이 지날수록 반드시 더해져야 합니다. 신앙생활을 하면서 지적인 면을 외면하면 원시적인 면을 탈피할 수 없게 됩니다. 특히 미신적 기독교와 참된 기독교를 분별할 수 있는 지식은 반드시 필요합니다.

그러한 분별을 위해서 기독교의
미신적(혹은 무속적) 특징이 무엇인지 알아볼까요?

1 말만 앞세웁니다.

자기가 제일 신령한 사람이라는 어투는 최대한 피해야 합니다.

2 한이 많습니다.

신앙생활을 한풀이의 통로로 사용하려는 자세도 없어야 합니다.

3 싸우려고 듭니다.

신앙을 전투로만 생각하고 이해와 용서를 모른다면 문제입니다.

4 두려움과 정죄감을 조장합니다.

'저주'라는 어휘를 자주 사용하는 분은 위험합니다.

5 어거지가 많습니다.

신앙은 '상식을 초월하는 것'이지만 결코 '몰상식'은 아닙니다.

6 가정을 경시합니다.

사명을 이유로 가정을 팽개치는 모습은 주님의 뜻이 아닙니다.

7 외적인 축복을 강조합니다.

내면의 인격적인 행복이 없는 축복은 허무한 것입니다.

8 신기한 것을 좋아합니다.

신앙을 '신기한 것'으로 아는 것은 미성숙의 증거입니다.

9 엉뚱한 특권의식이 있습니다.

앞선 사람들은 인정하기보다는 비판하기 좋아합니다.

10 질서의식과 공동체의식이 빈약합니다.

이기주의와 무책임은 신앙의 큰 적입니다.

신앙이 생활 속에서 소중한 가치를 창조해내지 못하면 바른 신앙이 될 수 없습니다. 자기가 믿는 바를 행동으로 입증할 수 있을 때 그 신앙은 바른 신앙이 될 것입니다. 우리의 신앙이 모양은 있지만 내용이 없는 미신적인 신앙이 되지 않게 해야 합니다

*19 우선순위

여는 시간

년 월 일 시 장소

차와 나눔

" 주님 안의 喜怒哀樂 "

찬양 

점검 " 지난주 제자의 삶"
성경읽기 (전혀못함 0, 1, 2, 3, 4, 5, 6, 7, 8, 9, 10 완벽함)
성구암송 (전혀못함 0, 1, 2, 3, 4, 5, 6, 7, 8, 9, 10 완벽함)
교재예습 (전혀못함 0, 1, 2, 3, 4, 5, 6, 7, 8, 9, 10 완벽함)
특별과제 (전혀못함 0, 1, 2, 3, 4, 5, 6, 7, 8, 9, 10 완벽함)
매일큐티 (전혀못함 0, 1, 2, 3, 4, 5, 6, 7, 8, 9, 10 완벽함)
점검 파트너 이름 /   서명 /

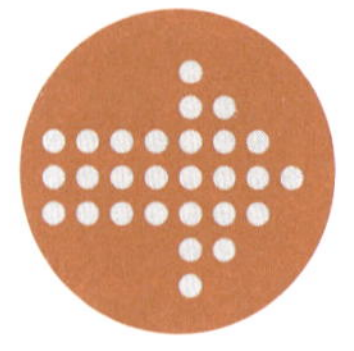

큐티나눔

태신자를 위한 한 주간의 점검

태신자를 위한 점검

전화 O X **기도** O X **편지** O X **방문** O X

전도를 위한 선행

만일, 당신에게 6개월이라는 시한부 생이 주어졌다면 무엇을 하겠는가?

마태복음 6:25-34

1 누구라도 생활문제를 생각 안할 수는 없다. 그러나 예수께서는 그것들을 염려하지 말라고 하셨다. 그 이유는? (32)

요즘 나의 염려는 주로 어떤 것들인가?

---

2 무엇을 먹을까, 무엇을 마실까 하며 양식을 염려하는 자들에게 무엇을 예로 들어 설명하였는가? (26,28)

---

3 이방인과 제자들의 차이는 무엇인가? (32,33)

내가 지금 구하고 있는 하나님의 일은 무엇인가?

내가 지금 헌신하고 있는 하나님의 일은 무엇인가?

4 주님의 보상은 무엇인가? (33하)

'하나님의 나라를 구한다'고 하는 것은 복음을 듣고 또 순종하며 그 복음을 전파하기에 힘쓰라는 뜻이며 '하나님의 의를 구한다'고 하는 것은 산상수훈을 통해 가르치신 바 하나님과의 내적인 바른 관계를 지니고 선(善)을 행함을 가리킨다. '경건(piety)에도 자아 중심과 하나님 중심의 두 종류가 있듯이 포부에도 두 종류가 있다. 곧 자신을 위한 포부와 하나님을 위한 포부가 그것이다' _J.Stott

시간 관리야말로 그 사람의 우선순위를 판별하는 시금석이 된다.

1 '살아 있는 동안은 우리는 언제나 시간이 없다' 는 말을 엡 5:15, 16과 연결시켜보라.

2 늘 급하고 쫓기는 삶에서 벗어나야 한다. 그것은 '소중한 일' 과 '시급한 일' 을 구분하는 것이다. 전자를 A, 후자를 B라 할 때 다음을 구분해보라.

Q.T/ 가족과 저녁식사/ 자녀와 대화/ 이웃돕기/ 독서/ 휴가/ 울리는 전화/ 예고없는 방문/ 신용카드 입금/ 처리할 서류들/

당신은 별로 중요하지 않은 수많은 일속에 파묻혀 있지는 않은가? 늘 발등에 떨어진 불이나 끄는 삶을 살지는 않는가?

___

3 돈과 달리 시간은 우리 모두에게 똑같이 주어져 있다. 그 시간을 사용하는 모습은 사람마다 다르고 그 결과 또한 사람마다 다르지만 궁극적으로 시간 사용은 각자가 세운 목표에 좌우된다.

다음의 네 가지 단계의 치료책(Charles Hummel)을 보며, 각자의 생각을 말해보라.

1 중요한 것을 정하라

2 시간을 현재 어떻게 사용하고 있는지 파악하라

3 시간 예산을 세우라

4 실천하라

4 게으름과의 결별

게으른 자의 특징은? (잠20:4)

___

게으름의 결과는? (잠10:26)

___

5 하나님은 우리에게 최고를 요구하지 않으신다. 우리가 자신의 은사만큼 최선을 다할 때 결과에 상관없이 동일하게 칭찬과 상급을 주신다.

롬12:6-8을 묵상해보라.

' 우리에게 주신 은혜대로 받은 (   )가 각각 다르니 혹 예언이면 믿음의 분수대로, 혹 섬기는 일이면 섬기는 일로, 혹 가르치는 자면 가르치는 일로, 혹 권위하는 자면 권위하는 일로, 구제하는 자는 성실함으로, 다스리는 자는 부지런함으로, 긍휼을 베푸는 자는 즐거움으로 할 것이니라'

내가 버려야 할 게으름의 습관에는 어떤 것들이 있는가?

나침반의 바늘은 북극을 가리키는 성질을 갖고 있다. 북극은 나침반의 고향이라고 말할 수 있다. 손가락으로 나침반의 바늘을 옆으로 밀면 그것은 북극이 아닌 다른 방향을 가리킬 것이다. 하지만 손가락을 떼면, 그것은 언제나 즉시 다시 북극을 향한다.

이 세상을 살면서 우리는 늘 바쁘다. 어머니는 아이를 돌보느라 학생은 책과 씨름하느라, 트럭 운전수는 운전을 하느라 바쁘다. 복잡한 세상을 살아갈 때 우리의 주의(注意)를 하나님으로부터 떼어놓는 것들이 지천으로 널려 있다. 그러나 이런 것들이 우리의 주의를 빼앗지 않는 순간들이 우리에게 주어진다. 그런 순간들을 놓치지 말고 마치 나침반이 북극을 향하듯이 하나님을 향하라. 이렇게 하나님을 향하는 것이 '쉬지 않고 기도하는 것'이다. _A.W. 토져

***기도**

***과제**

바른 우선순위에 입각하여 하루 생활, 일주일 생활에 대한 계획표 만들기

≫ 건강한 영성 12원리

1 수단보다는 목적을 우선해야 합니다.

2 현상보다는 본질을 우선해야 합니다.

3 외형보다는 내면을 우선해야 합니다.

4 속도보다는 방향을 우선해야 합니다.

5 사역보다는 관계를 우선해야 합니다.

6 결과보다는 과정을 우선해야 합니다.

7 제도보다는 실제를 우선해야 합니다.

8 부분보다는 전체를 우선해야 합니다.

9 규모보다는 내용을 우선해야 합니다.

10 생존보다는 사명을 우선해야 합니다.

11 성장보다는 성숙을 우선해야 합니다.

12 교회 성장보다는 영혼구원을 우선해야 합니다.

*20 상급

여는 시간

년 월 일 시 장소

차와 나눔

" 주님 안의 喜怒哀樂 "

찬양

점검 " 지난주 제자의 삶"
성경읽기 (전혀못함 0, 1, 2, 3, 4, 5, 6, 7, 8, 9, 10 완벽함)
성구암송 (전혀못함 0, 1, 2, 3, 4, 5, 6, 7, 8, 9, 10 완벽함)
교재예습 (전혀못함 0, 1, 2, 3, 4, 5, 6, 7, 8, 9, 10 완벽함)
특별과제 (전혀못함 0, 1, 2, 3, 4, 5, 6, 7, 8, 9, 10 완벽함)
매일큐티 (전혀못함 0, 1, 2, 3, 4, 5, 6, 7, 8, 9, 10 완벽함)
점검 파트너 이름 /   서명 /

큐티나눔

태신자를 위한 한 주간의 점검

태신자를 위한 점검

전화 ㅇ X 기도 ㅇ X 편지 ㅇ X 방문 ㅇ X

전도를 위한 선행

당신이 이제껏 받았던 상 가운데 가장 자랑스러운 것은?

누가복음 12:42-48

1 주인이 먼 길을 떠났다. 주인은 종에게 무엇을 기대하였는가? (42)

____

그 종이 받을 상은 어떤 것인가? (44)

____

2 그러나 신실치 못한 자는 어떤 생활을 하는가? (45)

____

그의 결과는 어떠한가? (46)

____

최후심판에 의해 의인은 영생에, 악인은 영벌에 들어가게 된다. 악인의 영구한 형벌의 처소는 지옥이다(마13:50). 그러나 의인의 최후 상태는 천국에서 영생을 누리는 상태이다.

1 모든 인류가 반드시 겪어야 할 일 두 가지는? (히 9:27)

____

성도에게는 불신자들이 받는 지옥과 영벌의 심판은 없다. 그러나 우리는 구속받은 자로서 그분의 명령을 지켜 행하여야 할 것이 분명히 있다. 그리스도의 심판대에서는 우리가 그의 종으로서 심판을 받게 된다.

심판의 기준은 무엇인가? (고전3:12-13)

____

2 사람들은 어떤 심판을 받게 되는가?

(전12:14) _______________________________________

(마12:36) _______________________________________

(마15:19) _______________________________________

(롬2:16) ____

분명히 악인의 형벌에도 등급이 있다(마11:22,24). 그렇다면 당신의 생활 속에서 어떤 부분이 바뀌어야 하는가?

____

3 다음에서 나타나는 하나님은 어떤 하나님이신가?

(창15:1) ____

(행 10:4) _______________________________________

4 그러나 무엇이 상급을 가로막는가? 왜 그러한가? (마6:1,2)

그럼에도 왜 우리는 자주 이 함정에 빠질까?

5 주님을 만난 날 이후의 바울의 삶의 목표는 무엇이었는가? (빌 3:14)

6 주님의 격려는 어떤 것인가? (계22:12)

7 지상에서 얻는 것과 천국에서 얻게 될 상급의 본질적인 차이는 무엇인가?

(고후4:17-18)

구원은 거저 받은 은혜이지만, 상급은 충성된 봉사로 인해 받게 되는 것이다. 이제 그 날을 바라보며 당신은 어떤 삶을 영위해야 할까?

8 빈 ( ) 채우기

"운동장에서 달음질하는 자들이 다 달아날지라도 오직 (   )얻는 자는 하나인 줄을 너희가 알지 못하느냐 너희도 얻도록 이와 같이 달음질하라 이기기를 다투는 자마다 모든 일에 절제하나니 저희는 썩을 (   )을 얻고자 하되 우리는 썩지 아니할 것을 얻고자 하노라" (고전 9:25)

'하나님은 우리에게 상급을 주신다는 약속에 우리를 초대하신다. 어떤 상급을 주실지는 그 분이 결정하신다. 그 분의 결정에 우리는 만족할 것이다. 하나님 아버지를 기쁘시게 함으로써 상을 받듯이 그리스도를 기쁘시게 할 때 우리는 상급을 약속받는다. 우리가 그 분의 인정을 받기에 합당한 자로 여겨지기 위해 하는 노력은 잘못이 아니다. 헌신에 주어지는 영원한 상급이 있다. 그 상급은 당신이 포기한 것보다 훨씬 큰 것이다' _어원 W. 루쳐

***기도**

***과제**

재 헌신의 날 준비하기

지옥에 대한 묘사 열 가지

1 고통만 있는 곳 (시116:3)

2 일과 계획이 없는 곳 (전9:10)

3 지식과 지혜도 없는 곳 (전9:10)

4 잔혹한 곳 (아8:6)

5 벌레로 뒤덮인 곳 (사14:11)

6 꺼지지 않는 불 못 (마5:22)

7 벌레도 죽지 않는 곳 (막9:48)

8 불로써 소금치듯 하는 곳 (막9:49)

9 기갈 당하는 곳 (눅16:24)

10 영원한 멸망의 곳 (살후1:9)

* 제 2권 훈련 과정 수료 행사

재 헌신의 날

1 재미있도록

(경직된 예배나 기도회식으로 보다는, 자연스런 분위기로 훈련생 개개인을 세움을 목적으로 함).

2 개인의 집에서 (가까운 수양관이나 교회의 빈 방도 가능).

3 음식은 각 가정(개인)에서 중복이 되지 않게 준비

4 부부가 함께 참석

(여 훈련반의 경우, 남편들이 모두 참석할 수 없다면 여자들끼리만 모이는 것이 더 나음).

5 교회 상황에 따라 가능하면 당회원등이 축하객으로 참여하면 좋음.

찬양 간증 성구암송 축복 기도 등

초판 1쇄 발행 ┃ 2008년 11월 17일

지은이 ┃ 이진우

펴낸이 ┃ 황성연

펴낸곳 ┃ 글샘 출판사

주소 ┃ 서울특별시 동대문구 청량리동 45-8호

등록 ┃ 2008년 01월 16일 (제8-0856호)

ISBN ┃ 978 - 89 - 913 - 5816 - 4

총판 ┃ 하늘물류센터

전화 ┃ 031 947 7777

팩스 ┃ 031 947 9753

ⓒ ┃ 이진우 2008 Printed in korea

잘못 만들어진 책은 구입한 곳에서 친절히 바꾸어 드립니다.

북디자인 ┃ 권기용

※**글샘**은 가정사역을 위한 하늘기획의 또 다른 이름입니다.